新典社選書87

新版 宮崎駿の地平

ナウシカからもののけ姫へ

野村幸一郎

新典社

はじめに

本書の目的は宮崎駿の作品に込められたメッセージを正確に理解しようとするものです。

宮崎の発言をつぶさに点検していくと、軍国主義、戦後民主主義、マルキシズム、環境問題への開眼をきっかけとした民俗的宗教感覚（アニミズム）への傾斜などなど、戦後を生きた、ひとりの知識人の思索の跡が、見事なくらいくっきりと浮かび上がってきます。終戦、安保闘争、高度経済成長、バブル経済とその崩壊、湾岸戦争、中国の経済的台頭などなど、内外のさまざまな問題に直面しては、思索をめぐらせ、先人の思想と格闘し、一定の方向性を見出し、自らの文明観を解体しては再構築する、そういう思考の運動体として、宮崎駿はずっと生きてきたかのようです。彼が作るアニメーションも、とくに『風の谷のナウシカ』以降は、そのような彼の思索遍歴と決して無縁ではない、というよりも、密接不可分の関係にあります。

ここでの僕の試みは彼の作品を作品そのものとして理解するのではなく、いささか遠回りかもしれませんが、彼の様々な発言や講演記録、対談、エッセイなどを経由して、理解しようとするものです。作者を経由して作品を理解する、と言ってもよいかもしれません。

芸術鑑賞としてはいささか不純な気もしますが、そもそも本書の目的は、宮崎がその創作活動を通じて現代の社会にどのようなメッセージを送ろうとしているのか、正確に理解しようとするものなのだから、このような方法も許されてよいと思います。

もちろん、僕の立場は彼の作品をエンターテインメントとして楽しむことを否定するものではないし、宮崎自身もそんなことを望んでいないはずです。しかし、もう一方で彼の作品には文明批判的性格がはっきりと目に見える形で付与されており、単なるエンターテインメントとして理解されることを拒む多意味性を帯びた作品として成立しているのも事実です。

以上のことを前提にして、本書では二つの作品を中心軸に据えて、彼の思想の内実を検証していくつもりです。その二作品とは『風の谷のナウシカ』と『もののけ姫』です。宮崎が製作した長編アニメーション作品の中でも、とくに彼の文明観や思想がはっきりと見て取れるのが、この二作品であると思われるからです。他の作品群についても、これらの作品との関連性の中で理解していくことで、それぞれが内包するもっとも本質的な主題が理解できるはずです。

なお、本書において作品シナリオからの引用は原則として、スタジオジブリ絵コンテ全集（徳間書店）に依りました。なぜ「原則として」と言わなければならないかというと、シナリオにはないセリフが作品に登場するケースもあるからです。その際には、シナリオではなく、作品に登場するセリフを引用しました。また、シナリオには改行のみで読点が打たれていないことが多く、やや読みづらく感じるところも見られたので、シナリオにおける改行箇所には適宜、読点を施しています。

宮崎駿の発言や文章の引用は、『時代の風音』（ユー・ピー・ユー　一九九二・一二）、『出発点　1979〜1996』（徳間書店　一九九六・七）、『風の帰る場所』（ロッキング・オン　二〇〇二・七）、『折り返し点　1997〜2008』（岩波書店　二〇〇八・七）に依っています。ただし、宮崎自身の言葉については、とくに発表された年月が重要な情報になってくるので、初出誌名、タイトル、発表年月をカッコの中に記しておくことにしました。

目　次

第三章　〈自立〉という問題系

第一章　「広場の孤独」という生存様式

――『風の谷のナウシカ』から『ハウルの動く城』へ

風の谷の「人民」

『風の谷のナウシカ』は一九八四年三月一一日、東映の配給で劇場公開された。宮崎が監督をつとめる長編アニメーション作品としては、それ以前にも『ルパン三世　カリオストロの城』があるが、アニメーション製作者としてその名声を不動のものにしたのが、この『風の谷のナウシカ』である。たとえば、一九八四年三月一二日の『スポーツ報知』は、一週間前から泊まり込みで公開日を待っていた観客がいた、と伝えている。

本章では、『風の谷のナウシカ』を中心に、宮崎駿が理想とするような人生態度、他者や自然との共生を可能にする生存の様式を明らかにしていくつもりであるが、まずは、物語のストーリーを紹介するところからはじめることにしよう。

この物語は、栄華を極めた物質文明が、「火の七日間」と呼ばれる世界最終戦争で壊滅し、地表のほとんどが汚染された未来の世界を舞台としている。生き残った人々は、汚染が進んでいない土地に点在して、それぞれが自分たちの共同体を築き、細々と暮らしていた。不毛の大地となった地球には新しい生態系が形成されつつあった。それが「腐海《ふかい》」と呼ばれる巨大化した菌類の森である。この森は「瘴気《しょうき》」と呼ばれる毒ガスを排出し「王蟲《オーム》」をはじめとする巨大化した虫たちが棲息していた。

「火の七日間」から一〇〇〇年、かつて自然を征服し栄華を誇った人類は、腐海の拡大に伴い、生活することのできる土地を徐々に失いつつあった。自然を征服したかに思っていた人類は逆に自然に征服されつつあったのだ。このような中にあって、周辺諸国を次々と侵略併合して、巨大な軍事国家に成長しつつあったトルメキアは、過去の栄光を築いた祖先にならって「王道楽土」の建設をスローガンに、ふたたび自然の征服者たらんとして軍事活動を開始する。その軍事活動とは、「火の七日間」において地球を破滅に追いやった、「巨神兵」と呼ばれる巨大な怪物兵を手中に収め、復活させる、というものであった。

巨神兵のサナギは工房都市国家ペジテの地下深くに埋められていた。トルメキアが巨神兵のサナギを王女ラステルら人質とともに飛行機で運び出そうとしたところ、飛行機が重みに耐えきれず、「風の谷」と呼ばれる小さな農耕共同体に墜落してしまう。墜落したトルメキアの輸送船は炎上したが、ラステルらは死に、巨神兵のサナギのみが墜落跡に残されることになる。そこにトルメキアの皇女クシャナが自ら軍を率いて飛行機で乗り込んでくる。もちろん、巨神兵を取り戻すのが目的であったのだが、風の谷をトルメキアの支配下に置き、王道楽土の建設に参画させる、という、もうひとつの目的も、クシャナは持っていた。

物語の主人公、ナウシカは風の谷の族長ジルの娘である。トルメキアの兵士らによって殺されてしまったジルの姿を見たナウシカは、怒りに我を忘れ、その兵士らを殺してしまう。しかし、そこにナウシカの師匠に当たる騎士のユパが現れ、「おちつけ、ナウシカ。今戦えば谷の者はみな殺しになろう」と説得され、ナウシカは谷の人々のため、自らが人質となり、クシャナらとともにペジテに向かうことになる。

ところで、ナウシカはかねてより腐海に行っては胞子を集め、栽培し、その謎を解こうと試みていた。城の地下にあるその部屋に入ると、地上では想像もつかないほどの澄んだ植物と水の楽園が広がっていた。ナウシカは、腐海の植物が瘴気を出す原因が植物そのものにあるのではなく、土が汚れているためであること、だから、きれいな水で育てれば腐海の植物もけっして有毒な腐海を出さないことを突き止めつつあった。しかし、そんなナウシカの試みも、人質として風の谷から離れなければならなくなり、中断されることになる。

そして、ペジテに向かう途中、ナウシカの乗った飛行機は、ペジテの戦闘機（物語では「ガンシップ」と呼ばれている）に襲われ、墜落する。襲ったのはペジテの王女ラステルの双子の兄、アスベルだった。ナウシカは搭乗していた飛行機に積み込まれていた風の谷のガンシップに乗り移り、腐海の中にある湖の水面に着水することになる。そこに突然、水面が揺れて、巨大な王蟲が現れる。王蟲は自らの触角でナウシカを包み込み、ナウシカの深層心理や無意識、秘められた心傷を含めた全人格を理解する。そして、無言の内にナウシカは、先ほど自らが乗船した飛行機を襲ったアスベルが生きて腐海をさまよっていることを知らされ、救出に向かうことになる。

虫の大群に追いつめられていたアスベルをナウシカは助けるが、二人は、地上に落下し気を失い砂に呑まれていく。気がついた時、二人は、腐海の底を突き抜けたところに広がる清浄な空気に満ちあふれた世界にいた。ナウシカはその光景を眼にしてはじめて腐海の秘密を知る。腐海の植物は汚れた水や空気を自らの体内に取り込み石化し、砂と化していくことで汚れきった地球を浄化する役割をになっていたのである。そして、虫たちはそんな腐海の植物を外敵から守るために、この森に棲息していた。

ナウシカとアスベルはペジテに戻るが、ペジテの町はトルメキアと腐海の虫たちに攻撃され廃墟と化していた。ペジテの人々はトルメキア軍に攻撃された際に、自らの町を虫たちに襲わせることでトルメキア軍を殲滅したのである。そして、ペジテの長は、今度は風の谷を虫に襲わせ、トルメキアの手から巨神兵を取り戻すという計画を、ナウシカに明かす。

計画に反対するナウシカをペジテの人々は閉じ込めるが、アスベルやペジテの女たちがナウシカを助け出し、計画を阻止するため、ナウシカは風の谷へ向かうことになる。

谷に向かう途中、腐海の切れたところにさしかかったところで、ナウシカは異様な光景を眼にする。何千何万という王蟲の大群が、怒りで眼を真っ赤に染め、地を埋め尽くして風の谷に向かってばく進していたのだ。そして群れの先頭には、王蟲の幼生に杭を打ち込み、「飛行ガメ」（瓶《かめ》の形をした飛行機械）にぶら下げ、王蟲の群れを風の谷に誘導しているペジテの兵士がいた。ナウシカは武器も持たずにペジテの乗組員と向かい合い、彼らは銃口をナウシカに向けるが、ナウシカは飛行ガメの中に飛び込んでいく。その衝撃で飛行ガメは酸の海の中洲へ落下。ナウシカはペジテの乗組員に操縦させて、傷ついた幼生とともに王蟲の大群の前に降り立つ。風の谷に向かって突進する王蟲の大群を止めようと考えたのだ。しかし、ナウシカは王蟲の大群に跳ね上げられ死んでしまう。

地面に横たわる、ボロ切れのようになったナウシカの死体に一匹の王蟲が近寄り、ナウシカの遺体を黄金の触毛で持ち上げ、それをきっかけに無数の王蟲が触毛を伸ばし、ナウシカの死体を支え、空高くに持ち上げる。黄金の触毛に照らされたナウシカは金色に照らされ、その中で奇跡が起きる。死んだはずのナウシカが目を覚ましたのだ。これがこの物語の結末である。

実は、そもそも『風の谷のナウシカ』は、最初、雑誌『アニメージュ』用の漫画として創作されたという経緯を持つ。宮崎が初の劇場公開アニメーションの監督を手がけた『ルパン三世　カリオストロの城』が興行的に不振におわり、窮地に立たされていた時期に雑誌の仕事が舞い込み連載を始めたのが、『風の谷のナウシカ』である。連載の途中で劇場公開用アニメーションが製作され、結果的に『風の谷のナウシカ』は宮崎がアニメーション作家として復帰するきっかけを作ることになった。しかし劇場公開された後も、コミック版『風の谷のナウシカ』は断続的に発表連載され、『アニメージュ』誌上で連載が完結するのは、一九九四年三月、『もののけ姫』の製作に入る一年半前である。『天空の城ラピュタ』『魔女の宅急便』『紅の豚』製作と『風の谷のナウシカ』連載はほぼ平行しており、『風の谷のナウシカ』という全身全霊を傾けて描き続けた物語が完結した時、宮崎は『もののけ姫』の製作を始めることになる。この事実は『もののけ姫』が『風の谷のナウシカ』の主題を引き継ぐ後継作品となっていることを意味している。

ところで、断続的とは言え、十余年に渡って描き続けたコミック版『風の谷のナウシカ』が完結するにあたって、宮崎は次のような興味深い感懐を吐露している。

「ナウシカ」を終わらせようという時期に、ある人間にとっては転向と見えるのじゃないかというような考え方を僕はしました。マルクス主義ははっきり捨てましたからね。捨てざるをえなかったというか、これは間違いだ、唯物史観も間違いだ、それでものを見ていてはいけないというふうに決めましたから、これはちょっとしんどいんです。前のままの方が楽だって、今でも時々思います。

書いているあいだに、劇的にとか、苛烈に戦って変えたわけではないけれども、自分の中にあったいろいろな疑問が収拾つかなくなったんです。

（「『風の谷のナウシカ』完結の、いま　物語は終わらない」『よむ』一九九四・六）

たしかに、『出発点　1979～1996』の巻末に掲載されている年譜を見ると、宮崎は学生時代、安保闘争については傍観者だったが、活動の退潮期に入ってから、『アサヒグラフ』に掲載された写真を見て関心を持ちはじめ、無党派でデモに参加した、と記されている。また、東映動画時代には、企業内組合の書記長も務めていた（その時の副委員長が、高畑勲）。このような宮崎からすれば、彼がマルクス主義者であったという事実はたしかにうなずけるものがある。そして、宮崎は『風の谷のナウシカ』を執筆していく中で彼が人類の理想と信じた社会主義の理念に対して疑問を抱くようになっていったわけである。

たとえば、一九九〇年一一月『Cut』誌に掲載されたインタビューにおいて、インタビュアーに「宮崎さんにとってはやっぱり左翼的な理想主義みたいなものは、いまだに非常に重要な要素を持ってますか」と質問された際、宮崎は「持ってますね」とはっきり答えている。言葉通り解釈するならば、宮崎自身がマルクス主義に対する疑問を明確に意識しはじめるのは、このインタビューが行われた一九九〇年から、コミック版『風の谷のナウシカ』連載が完結した一九九四年までのどこかの時点だ、ということになってくるわけだが、さまざまな場面での宮崎の発言を細かく見ていくと、彼が学生時代の段階にあって、すでにマルクス主義に対する共感と反発の中にあったことが見えてくる。その振幅はさまざまな局面で確認することができるが、彼の思想か文明観を理解するにあたって、むしろ重要なのは、宮崎がいつ「転向」したかでなく、『風の谷のナウシカ』にうかがわれるマルクス主義に対する違和感がどのようなものであったかであろう。

実際、マルクス主義への共感を語っている、先のインタビューにおいても、宮崎は続いて現状のマルクス主義は嫌いだが、左翼思想には、ある可能性が潜在していると、そのアンビヴァレンツな姿勢を吐露している。テレビで見たラトビアの独立運動の様子を語っている下りがそれである。運動に従事する人たちが、自分たちの運動を「人民戦線」と語っている光景を見た宮崎は、そこに「コミュニズム」という政治思想を根底で支える「人間はより高くありたいとかより高貴でありたい」とか、「人から屈辱を受けたくない」という人間尊重の理念を感じとり、左翼思想の可能性を見ようとしている。

そのような宮崎は必然的に、あらゆる国家を、人間解放を阻む障害物として敵視することになる。宮崎が、コミュニズムの「理想」と、現実の社会主義を厳密に区別し、さらには「僕は東欧の現状とかソ連の現状っていうのは好きじゃないし、ソ連も嫌いな国ですが。中国も嫌いだし、アメリカも嫌いです。日本も嫌いだけどね（笑）。国というのはみんな嫌いなんだけど」と答えるのは、それゆえである。宮崎が信じる左翼思想は、経済的な貧しさから人々を救済することを目指すような即物的で無機質な政治理念ではない。自分自身の思いや希望、理想を十全に生きる人生、あるいは、自らの人生と内面生活が完全に一致するような幸福の実現を意味している。だからこそ、「人民戦線っていう、その圧政に対して立ち上がるときに、人っていうのはやっぱり普段よりずっとましな姿に映りますよね」と、深く共感するわけである。

さて、このような目で『風の谷のナウシカ』を見てみると、宮崎駿が徹頭徹尾嫌う「国家」に相当するものが、この物語では、トルメキアであろうことは、容易に察することができる。皇女クシャナは風の谷の人たちに向かって、「われらは亡びにひんした辺境の国々を統合し、この地に王道楽土を建設するために来た」「そなた達は腐海におびえ、なす術をしらない」「われ等に従いわが事業に参加せよ、腐海を焼き払い再びこの大地をよみがえらすのだ」「われ等はかって人間をしてこの大地の主《アルジ》となした奇跡の技と力を復活させた」「わたしに従う者にはもはや森の毒や蟲共におびえぬ暮しを約束しよう」と呼びかけている。しかし、実際は政治的な美名を隠れ蓑としつつ、トルメキアは、風の谷の人々が営む、ささやかであるが確かな幸せに満ちた生活を踏みにじり、腐海との戦いへと駆り立てようとしている。

そもそも、クシャナ皇女が口にする「王道楽土」は、一九三二年の満州国建国の際のスローガンに登場する言葉である。そのスローガンにおいては、アジア的理想国家（楽土）を、西洋の統治（覇道）ではなく東洋の統治（王道）に基づいてつくるという意味が込められている。当時の満州、現在の中国東北部で生活していた満日蒙漢朝の五民族が協力し、平和な国づくりを行うという意味の言葉で、「五族協和」とも言われる。満州事変を画策した板垣征四郎、石原莞爾ら関東軍参謀による満州帝国建設が内包する侵略的性格（たとえ彼ら自身が主観的には善意を抱いていたとしても、である）を美しい言葉で覆い隠すために利用した政治的スローガンが、「王道楽土」や「五族協和」であった。

自然発生的な農耕共同体を侵略し飲み込みつつ膨張していく世界帝国トルメキアの政治理念が、「王道楽土」という言葉で語られる場面は、このような歴史的記憶と二重写しになるような仕掛けとなっている。

一方、この物語には、トルメキアに反旗をひるがえし、自らの土地を取り戻すために立ち上がる人々の姿もまた描かれている。風の谷の人たちがそれである。おそらく、彼らこそが、宮崎が深く共感する「人民」と通じる存在なのだろう。物語には、トルメキア軍の進駐によって腐海の植物の菌類が持ち込まれ、風の谷にひろがり始めるエピソードが挿入されている。谷が腐海に飲み込まれないよう、風の谷の人々は、谷を守ってきた森もろとも腐海の菌類を焼き払わざるをえなくなり、この出来事をきっかけとして、トルメキア軍に対して反旗をひるがえすことになる。ミトら谷の古老たちがトルメキアの戦車を奪って活躍する場面などがそれである。このような風の谷の人たちの姿は、宮崎にとっては「人民」を意味するはずであり、ということは、彼らこそが自分自身を十全に生きようと立ち上がった人たちであった、ということになる。

ただし、ここから少し話が込み入ってくる。もう一方で、風の谷の人たちは、「自我を立てて生きている」というには、あまりにもナウシカに対して従順なのだ。言い換えるならば、彼らの道徳や行動原理は、非常に「封建的」なのである。実はここに宮崎駿の言うところの「人民」という観念を理解する鍵がある。風の谷の人々の「封建的」な道徳性は、とくにナウシカと、「城じい」と呼ばれるミトを筆頭とする風の谷の古老たちが同じ画面上に登場する場面に、丁寧に描かれている。

たとえば、古老らが「バージ」と作中で呼ばれるグライダーに乗ったまま腐海に突っ込んで死のうとする場面である。古老らが「不時着して蟲にくわれるのはイヤじゃ」「ひとおもいに死にます」と叫ぶと、ナウシカは「みんな必ず助ける、私を信じて荷をすてなさい」と叫び返しながら笑顔を見せる。すると古老たちは「姫さまが笑うとる…!?」「たすかるんじゃ」と口走りつつ生への希望を取り戻すわけである。映像ではなく文章で説明しないといけないので、なかなかこの場面の雰囲気まで伝えきれないのがもどかしいのだが、この場面の興味深い点は、何よりも実年齢において圧倒的な開きがありながら、老人たちがナウシカの母性的な愛情や慈愛に全幅の信頼を寄せている点、そして、自分の判断を停止して彼女の判断や決断にすべてをゆだねようとしている点にある。自分の理性に照らして生き残るのは無理だと判断しても、姫様が助けるというのであるならば、かならず助かる、そう古老たちは信じて疑わない。しかも、そのような関係をナウシカ自身受け容れており、「荷をすててください」ではなく「荷をすてなさい」と精神的な意味で高い立場から語りかけている。さらに、その態度は権威を振り回すものでなく、母親的な保護者の立場から、古老たちをさとすかのようである。

このようなナウシカと古老たちの関係は、作品中のいたるところに見られる。作品の終盤、トルメキア王国の皇女、クシャナに向かって古老の一人がナウシカについて語る場面がある。「あんたも姫さまじゃろうがわしらの姫さまとだいぶんちがうのオ…」「この手をみて下され」「ジル様と同じ病じゃ」「あと半年もすれば石と同じになっちまう…」「じゃがわしらの姫さまは、この手を好きだというてくれる」「働らきもののきれいな手だというてくれましたわい」という言葉がそれである。

また、風の谷を王蟲が襲ってきた場面で谷の老婆が「ミト、どうせ死ぬんじゃ、谷で死ぬヨ」と口走る場面がある。しかし、ミトは老女に向かって、「だめじゃ、姫さまがあきらめないかぎりあきらめるな」とさとすのだ。

どのセリフにおいても、古老たちに代表される谷の人々が、母性の象徴のようなナウシカの無垢な人柄、無限の慈愛、優しさに全面的に信頼を寄せ、結果のいかんを問わず、思考を停止し、彼女の判断に身をゆだねている。

そして、この従順な彼らの姿は、圧政によって抑圧されている自我ではなく、自らの存在が共同体によって完全な形で受け容れられている状態、共同体と個の対立が絶対的に回避された、私と公の予定調和の中で、自分自身が十全に生きられている状態のように、私たちの目には、映るわけである。ここには自我を立てて生きることと自我を放棄することの、一見奇妙にも見える連結と融合が成立している。

この問題は宮崎の思想や文明観を考える上で重要な手がかりを与えてくれるのだが、非常に込み入った問題でもある。この問題に入っていく前提として、どうしてもはっきりとさせておかないといけないことがひとつあるのだ。それは、風の谷の「人民」たちが自らの運命を委ね、自我を放棄することで自我を十全に生きることを可能としている献身と忠誠の対象、ナウシカという少女の人物像である。

〈共生〉の構造

ナウシカというこの物語の主人公については、宮崎自身によって次のように解説されている。

『ギリシア神話小辞典（ママ）』（エブスリン・社会思想社）をパラパラやってたら、オデッセウスを救《たす》けるナウシカという少女の名に出合って、その印象が子供のころに読んだ『堤中納言物語』（角川文庫）の「虫愛ずる姫君」の記憶としだいに混じり合って、数年後に「風の谷のナウシカ」という形になっちゃった。

（「Making of an animation――『…?…』縁あって出合った本とのジタバタから」『朝日ジャーナル』臨時増刊　一九八七・四）

たしかにバーナード・エヴスリンの『ギリシア神話小事典』（現代教養文庫　小林稔訳）を見てみると、ナウシカについて詳しく解説されている。ギリシア神話に登場するナウシカは、イタケに着く前に岩だらけの海岸に血だらけで打ち上げられたオデュッセウスを救出したパイアキアの王女である。美しく空想的で頭の回転が速く結婚の話が来てもこれを拒み、海で泳ぎ竪琴を弾き歌を歌いなどして、幸せに暮らしていた、彼女の生活ぶりを同書はこう伝えている。

宮崎駿が造形したナウシカとの共通点を述べるならば、人々が悪意や偏見を抱くような「他者」、共同体の外部の存在ともつながっていこうとする点で、二人は一致している。オデュッセウスと初めて出会った場面で神話のナウシカは、血だらけの姿を見て悲鳴を上げる女達を制して、助けようとする。また、パイアキアの王、すなわちナウシカの父は、難破した見ず知らずの男に気をつけるよう神託を得ていたので殺そうとするが、ナウシカはその歌によってオデュッセウスの心を開き、二人は友愛をもってつながっていく。

同様の様子は、人と虫の関係に形を変えて、宮崎が造形したナウシカにも取り込まれている。また、先ほどの引用で、ナウシカのイメージが『堤中納言物語』の「虫愛ずる姫君」の記憶と混じり合っていった、とも宮崎は語っていたが、『堤中納言物語』に登場する「虫愛ずる姫君」もまた、気味の悪い虫、とくに毛虫に心魅かれている。周囲に共有された敵意や偏見に左右されず、自分の内面をもって誰かに、あるいは、何かに向き合おうとすること、その姿勢が結果的に、友愛と共生の関係を築きあげること、これらの点で三者はたしかに共通している。

人々が不気味に感じている虫たちに対してナウシカが愛情を持って接しているエピソード、

そのような彼女の姿が結果的に王蟲の心を開いていくエピソードは、作品のいたるところにちりばめられている。たとえば、作品冒頭近くには、ナウシカの師匠であるユパが銃を使った結果、王蟲が怒り出す場面があるが、ナウシカは王蟲をさとし怒りを鎮めて森に返している。また、トルメキアの輸送船が風の谷に不時着した際に、谷に虫が持ち込まれ、その虫が仲間を呼び始める場面も、作品冒頭近くにはある。風の谷の人々は、撃ち殺そうかとも考えるが、ナウシカは「森へおかえり。だいじょうぶ、とべるわ」「そういい子ね…」と母が子に語りかけるようにさとし、虫を森まで送っていく。物語中、ナウシカは一貫して、人と虫＝自然の敵対関係を失効して、友愛と共生の関係に再構築しようとしている。

人間と自然の関係だけではない。この物語において、ナウシカは、風の谷の人々の内面をひとつにし、さらには、トルメキアやそれに対抗しようとする都市国家ペジテなどの共同体間の敵対関係さえ、友愛の関係へと再編成していく役割を担っている。この物語においてナウシカは、あらゆる敵対を友愛へ変換していく装置として機能していると言ってもよい。さらにナウシカは、トルメキアによって町を破壊され、ほとんどの住民を殺されたペジテの民による復讐もやめさせようとしている。次の文章は巨神兵を取り戻すため王蟲に風の谷を襲わせようとしているペジテの市長とナウシカの問答である。

(市長)　「いまはつらくても巨神兵をとりもどせば腐海をやき人間の世界をとりもどせるのだ」

(ナウシカ)　「ウソだ!!　あなた達はトルメキアと同じよ」

(市長)　「ちがう、彼等は破壊に使うだけだ」

(ナウシカ)　「あなたたちだって井戸の水を飲むでしょう。その水を、誰がきれいにしていると思うの。湖も川も、人間が毒水にしてしまったのを、腐海の木々がきれいにしてくれているのよ。その森を焼こうというの。巨神兵なんか掘りおこすからいけないのよ」

(市長)　「ではどうすればいいのだ、このままトルメキアのいいなりになるのか」

(ナウシカ)　「ちがう！　ちがう！　アスベルみんなに云って、腐海が生れたわけを蟲は世界を守っているって！」


ペジテの市長とナウシカの決定的な認識のズレは、ペジテの市長にとって、腐海を焼くことと戦争や侵略を仕掛けることとは別の次元に属する事柄であるのに対して、ナウシカにとっては同じ次元の事柄である点にある。

ナウシカは、ある「物語」に対して根深い不信感を抱いている。彼女は人間中心主義的な発想に人間のエゴを感じとっているのだ。中条省平は、巨神兵を復活させ腐海を焼き払おうとするクシャナを「人間中心主義、技術至上主義、中央集権国家思想の体現者」と指摘している（「『風の谷のナウシカ』戦いの倫理と飛翔の快楽」『ユリイカ』臨時増刊 一九九七・八）が、それはクシャナだけに限ったものではない。トルメキアに攻め滅ぼされつつあるペジテの市長もまた同じである。ペジテの市長の側に立てば、人間が巨神兵を手に入れ、腐海を焼き払うことでみんなが幸せになる、ということになるのだが、ナウシカはそこに人間のエゴが潜在していることを見抜いている。

宮崎駿は次のように語っている。

ナウシカはジャンヌ・ダルクじゃありません。風の谷のみんなのためじゃなくて、自分自身が耐えがたかったから行動したんです。死ぬとか生きるとかよりも、あの王蟲の子を助けて群れにもどしてやらないと、自分の心にあいた穴がふさがらない、そういう人間だと思うんです。

（「豊かな自然、同時に凶暴な自然なんです」『ロマンアルバム　風の谷のナウシカ』徳間書店　一九八四・五）

ここで宮崎が拒もうとしているのは、ナウシカを、人間にとって都合のよい人物として解釈しようとする発想法そのものである。風の谷を救うために王蟲の暴走を止めるべく幼生を助けようとした、という解釈そのものがすでに風の谷の人々＝人間中心主義的な発想にすぎない。たとえ、ナウシカ自身の命を賭けた行為であったとしても、人間と自然という構図の中で見れば、自己中心主義の一変調《バージョン》にすぎないのだ。自己やそれが投影されたような共同体中心主義や人間中心主義というエゴイズムを超越してあるようなナウシカの内面は、人と自然をたえず往復するような主体としてある。宮崎が例に挙げる王蟲の幼生を助ける場面に引きつけて言うならば、人の側にあるはずのナウシカは、空想上において王蟲と同体化し、自然の側から王蟲の幼生に同情している。けっして、人間のために王蟲を助けようとしてるのではない。私の側から他者を眺めるのでなく、他者の側から私を眺め返す、人間の側から人間を眺め、自然を眺めるだけでなく、自然＝王蟲の側から人間を眺め、自然を眺め返す。このようなナウシカの主体の場所は、たえず移動し続けている。どちらかの場所に、自分を固定することを拒むことで、ナウシカの内面は、自己の側にも他者の側にも、人間の側にも自然の側にもくみすることを停止し、共生という新しい選択肢を発見していくことになるのである。その意味において、ナウシカの主体のあり方は、きわめてトランス・ポジショナルなものになりえている。「私」や「私たち」の外部に出ようとする意志、ナウシカにおける非暴力の内実となっている。

このように見てくると、敵意から友愛へ、闘争から共生へと世界を転換していく役割を担っていることこそが、ナウシカの人物造形において、もっとも核心にあたる部分であることがわかってくる。

さらに、この点についてくわしく見ていくことにしよう。

物語の冒頭近くには、風の谷に伝わる「その者青き衣をまといて金色の野に降り立つべし、失われし大地との絆をむすび、ついに人々を青き清浄の地にみちびかん…」という予言の言葉が紹介されている。そして、後に詳しく見ていくつもりであるが、ラストの場面で、王蟲の怒りを鎮め、谷を救ったナウシカこそが、「失われし大地との絆」をふたたび結ぶ救世主＝メシアであったことが、「大ババさま」の言葉を通じて確認されることになる。ナウシカは、敵対する人間と自然の関係を解消して共生の関係へと再編成する宿命を背負う救世主《メシア》として設定されている。

このような物語構造はいくつかの重要な問題を孕んでいる。

まず第一は、この伝承が挿入されていくことで、『風の谷のナウシカ』という作品全体のフレームが、〈近代の超克〉の物語として設定されていることが、はっきりとしてくることである。近代文明や科学文明は自己中心主義やその同心円状に位置する人間中心主義と不可分の関係にある。人は万能である、あるいは、万能でありたいという傲慢や欲望が、科学の発展を支え、自然全体を支配しようとするくわだてを呼び起こすことになる。この物語に即して言うならば、巨神兵の存在がそれにあたるだろう。一〇〇〇年前、人類は「火の七日間」と呼ばれる世界最終戦争において、人類の文明も地球の環境も破滅の淵にまで追いやってしまった。その時に使われたのが、巨神兵と呼ばれる半生物、半ロボットの最終兵器である。「火の七日間」から一〇〇〇年経過して、ふたたび、人類は、地上を支配する腐海とそこに棲息する虫たちを焼き払い、世界をとり戻すべく、巨神兵を復活させようとしはじめる。地球を人間のものにしようとするエゴイズム、自然を前にしての謙虚さを失った傲慢が、テクノロジーの進歩と連携する形で、地球環境を破壊していく構造が、ここでは透視されている。クシャナが「かつて人間をしてこの大地の主《アルジ》となした奇跡の技と力」と語るように、巨神兵はテクノロジーと連携する形で形成された人間の傲慢の象徴である。

宮崎自身、近代文明やテクノロジーの進歩に現代社会の病巣を繰り返し指摘している。

なぜこんな世の中になったのかというと、やはり農耕社会から近代工業社会に変わる時の過激なストレスが原因のようです。今の中国や韓国で同じような問題が起きているでしょう。マネーゲームが始まる時には、皆同じような問題を起こすんだ、そうわかったら愚かだったのは日本だけじゃなかった、東アジア全体が愚かだったんだと。

（「子供達が幸せな時代を持てるよう、大人は何を語るべきか」『抒情文芸』一九九八年夏号）

自然の世界と折り合いをつけながら生きていく術《すべ》を、アジアもアフリカも持っていた。特に日本は巧妙に持っていた。それを失わせたのは、西欧の近代文明だと思うんです。それに乗っかってしまった日本人も悪いんですが、世界全体がいま、そうしなければ生きられないような政治情勢にある。だから、マネするとかしないとかいう単純な問題ではなくて、違う哲学を手に入れない限り、同じ過ちは際限なく繰り返されるでしょう。

（E・カレンバックとの対談「〝風の谷〟の未来を語ろう　火を捨てる？「ナウシカ」と冷蔵庫

のある「エコトピア」」『朝日ジャーナル』一九八五・六）

近代文明、すなわち科学・テクノロジー・経済発展を反価値の側に置き、農耕文明を正価値の側に置く宮崎の文明観が、ここにはっきりと見て取ることができる。むろん、このような文明観は『風の谷のナウシカ』にもうかがうことができる。

作品の結末近くには、風の谷に押し寄せる王蟲の大群を食い止めるために、クシャナが巨神兵を復活させる場面が登場している。しかし、巨神兵は二度、火を噴いただけで、すぐに肉が腐りはじめ、むくろと化していき、王蟲の暴走を止めることはなかった。このエピソードを通じて宮崎は、科学やテクノロジーによって自然を支配しようとする人間の傲慢を戒めている。環境破壊がもたらした災いを、さらなる科学文明への依存によって克服していこうとするおろかさに対して、警鐘を鳴らしている。

宮崎にしたがえば、暴力的な地球環境破壊、そのしっぺ返しを食らう形で人類にもたらされつつあるさまざまな災いを克服していく手段は、さらなる科学文明の発達ではない。それとは反対の方向、自然環境に対する人間の謙虚な姿勢をモラルとするような道徳的感性、自然に対するいたわりの共有であり、それを基盤とするような共生関係を構築していく方向である。

巨神兵によって王蟲の大群を焼き払う試みが失敗した直後、ナウシカは、傷ついた王蟲の幼生とともに、暴走する大群の前に降り立つ。結果、王蟲の群れはついに怒りを鎮め、ナウシカに対して心を開くわけだが、このエピソードは、巨神兵のエピソードとコントラストを形成する形で、自然に対するいたわりと友愛だけが、自然破壊に起因する災いから人類自身を救済しうることを象徴している。

しかも、そのような使命を、ナウシカは、神的存在によって託されているわけである（だからこそ宗教的な伝承に謳われるはずだ）。物質文明、近代文明、科学という人間中心主義、人間の傲慢に起因する自然を支配しようとする試みとその挫折がもたらした災いを取り除こうとする意志は、ナウシカにその使命を託した風の谷の土俗的な神の意志として、超時間的に潜在していたわけである。

このような、目に見える文明のもたらした災いを目に見えない価値＝精神的価値によって超克していこうとする思想こそが、この作品に描かれた近代文明批判の内実を形成しているわけだが、この点については、物語に描かれた三つの共同体の関係性においても見てとることができる。

『風の谷のナウシカ』には三つの共同体が登場する。一つは、風の谷、ジルやナウシカに率いられた農耕共同体である。人々は大地からの恵みに感謝し、自然の運行とともに生き、死んでいく自らの宿命を受け容れ、生の充実を感じている。共同体の構成員は族長の善意を疑わず、その言葉に従うことが、自らの意志や希望、欲望を越えて絶対的に正しいと信じている。そして、あと二つの共同体はナウシカから見れば、同じ穴のむじなに見えるようなペジテとトルメキア、科学技術と人間中心主義が連結した近代文明を象徴する共同体である。

以下はクシャナと風の谷の古老たちとの会話である。

（クシャナ）「腐海の毒に犯されながら、それでも腐海と共に生きるというのか」
（ギックリ）「あんたは火を使う、そりゃ、わしらもチョビッとは使うがの」
（ゴル）「多すぎる火は何も生みやせん、火は森を一日で灰にする、水と風は百年かけて森を育てるんじゃ」
（ギックリ）「わしらは水と風の方がエエ」
（ムズ）「あの森を見たら、姫さま悲しむじゃろうノオ…」

このセリフに登場する、森を一日で焼き尽くす「火」が、宮崎が否定しようとした近代文明を象徴していることはまちがいない。風の谷の老人たちは、火、つまり人間中心主義に根を持つ科学とテクノロジーを否定し、「腐海の毒に犯されながら」「腐海と共に生きる」道、つまり、自然がたとえ自らの生存を脅かすことがあったとしても、敵対せず共存していく道を選んでいるわけである。しかも、その道を選ぶ大きな理由のひとつ、おそらく最大の理由は、「姫さま」がそれを望んでいるから、であった。もちろん、それはナウシカ個人の願望というよりは、風の谷という共同体が長い期間をかけて育んできた宗教的世界観を、彼女もまた継承していることを意味している。焼かれた森を見てナウシカが胸を痛めるであろうことを古老たちは悲しんでいるが、その姿は、ナウシカを媒体にして、自然が負った傷を自分の傷のように感じている姿のようにも見える。

このように見てくると、風の谷という前近代、あるいは、反近代的な農耕共同体への回帰を介して、近代的な共同体や文明を、反価値の側に再定位していく構図が、この物語の基層に潜在していることが見えてくるだろう。風の谷という自然発生的な共同体の内部にあっては、農耕を営む人々の生の運行の中に国家が埋没しており、その意味で、国民国家に代表されるような近代の人為的な共同体、ステートメントとは真逆の方向を示している。久美薫は『もののけ』の、森を切り開き製鉄を営むタタラ場。おそらくこれは『ナウシカ』で印象的だった風の谷のヴァリエーションと思われる。両者ともにどこか武者小路実篤の「新しき村」の理想を具現化したような労働共同体なのだ」と指摘している（『宮崎駿の仕事　1979〜2004』鳥影社　二〇〇四・一二）。後に詳しく論じることになるが、『もののけ姫』のタタラ場は自然と敵対しており、その意味で自然との共生を目指す風の谷とは、かならずしも同じとは言い切ることはできない。しかし、両者ともに、新しき村と通じるような、アナーキストたちが理想視する共同体の姿に近いことはまちがいない。

いささか脇道に逸れることになるのだが、風の谷という共同体やそこで暮らす「人民」を理解していく上での有力な手がかりになると考えられるので、右の文章で久美が言及していたアナーキズムについて、少し説明しておきたい。

アナーキズムの代表的な思想家、クロポトキンによれば、隣の家が焼けているのを見て、バケツに水をくんで駆けつけるのは、面識すらない隣人に対する愛のためではない。そのとき人を動かすのは、愛よりは漠然としてはいるがもっと広いもの、人間的な連帯と交際をもとめる感覚ないしは本能である。相互扶助の母胎となるような「本能」は、愛や個人的な同情よりも遥かに広大な感覚——きわめて長い進化の過程において動物と人類の間に徐々に発達してきたものである。その本能は動物にも人類にも等しく社会生活のなかに見いだすことができる。クロポトキンはそう説明している。

私たちは一般的に心身二元論という考え方を立脚点として人間を理解することに慣れてしまっている。道徳や愛は心、理性や自我に内在しており、エゴや欲望は身体に宿っている、という考え方である。クロポトキンの思想は、このような心身二元論を反転させている。クロポトキンは公共心の本質を相互扶助、ないしは相互援助と規定しているが、それは自我や精神に源を持つものではない。動物や人間の間に発達してきた本能として、それはある、と言うのである。言い換えるならば、相互扶助を呼び起こす良心は、自我や精神よりもより深いところにある、ということになる（大窪一志「相互扶助の暗黙知を再発見する　クロポトキンに見えたもの」『at』二〇〇七・一二）。

このような心身二元論の反転は、『風の谷のナウシカ』にも見ることができる。たとえば、トルメキア皇女のクシャナである。最初は帝国の拡大を任務とする侵略者として登場しながら、風の谷の人々の生活ぶり、古老たちの話、そして何よりもナウシカの人柄に触れて、彼女は徐々に変貌していく。作品終盤、ナウシカの帰還に希望をつなぎ、立てこもった風の谷の人々とトルメキア軍がにらみ合う場面でクシャナは、「わたしも待ちたいのだ」「本当に腐海の深部から生きてもどれるものならな……あの娘と一度ゆっくり話をしたかった」と語っている。その言葉を聞いた参謀のクロトワは「何があったかしらねえが…かわいくなっちゃって、まぁ…」とつぶやく。また、実際にその後、「ガンシップ」が戻った際には、クシャナは即座に発砲を中止し、着陸した「ガンシップ」に走りより、一人戻ったミトにナウシカの消息を尋ねている。

おそらく、「意識された私」としては、クシャナは当初、非情で残酷でエゴイスティックな侵略主義者であったはずである。それが、ナウシカの人柄に触れていくことで、クシャナの内面に共生の感情が、クロポトキン風に言うならば、相互扶助の感情が覚醒しはじめる。意識、自我という言葉で語られるような精神のあり方よりも、より深いところに、クシャナの共生の感覚は眠っていたわけである。ナウシカは人々の無意識や本能、身体に眠る共生への憧れを覚醒させようとしているのである。

宮崎駿は、理性によって本能という闇を照らすのではなく、理性こそが人間のエゴや欲望の棲み家と考えており、本能の側に、自己と他者、人間と自然が相互扶助の関係を構築していく可能性を見ようとしている。精神を正価値、身体を反価値の側に位置づける近代的な人間理解を反転させる形で、精神を反価値の側に、身体を正価値の側に置き直しているわけである。ナウシカは、いわば〈反啓蒙〉を体現している。

次の文章は作品世界をどのように構築するか、物語の登場人物をどのように造形していくかという問題に関して、宮崎が語った言葉である。

大切なことは、しっかりと裏づけのある人物たち、その人間たちが生きることを肯定している人たちであること、その人間の願いや目的がはっきりしていること、そしてできるだけ単純で無理のない筋の運び、だと思う。

（「発想からフィルムまで」②『月刊絵本別冊アニメーション』一九七九・七）

ここで宮崎は、ありきたりな、どこにでもいる無名の民衆、まじめに生活している人々を負の価値の側に追いやらないこと、人生を肯定していること、社会や人間に関して理想や進むべき方向をしっかり持っていることなどが、人物造形の際に大切だと述べている。

この文章で、とくに私が重要だと思うのは、宮崎が言うところの、人生の肯定とはどういう状態を指しているのか、という問題である。おそらく、この言葉は、たとえば願えば必ず希望が叶うといったような、現世利益的なものではない。宝くじが当たるとか、巨万の富を手に入れる、地位と名声を切願すると手に入る、このような人生肯定の感覚は、どの宮崎作品にも見当たらない。むしろ、そのような無限のエゴの追求、欲望の拡大は、トルメキアの王族たちの例を出すまでもなく、宮崎作品では退けられるべきものである。

おそらく、宮崎が言うところの人生の肯定とは、「本能」に根を持つような相互扶助の感覚、宮崎自身の言葉で言えば、人間が内包する「単純素朴」で「根源になるもの」と密接に関係している。一見、闇を抱えているように見える人間でも、存在の根源部分には共生への憧れが潜在しており、その本能を自己にも他者にも発見し、発揮していくことによってのみ、人間という一見下らないように見える存在にも、希望を持つことができる。噛み砕いて言えば、宮崎が言うところの人生の肯定とは、こういう感覚である。

『風の谷のナウシカ』には、俘虜になったナウシカが、「コルベット」と呼ばれるトルメキアの大型飛行機で搬送される場面がある。そこにペジテのガンシップが現れ、コルベットを次々に撃ち落としていく。その様子を見たナウシカは、ガンシップに立ちはだかるように、船外に身をさらし、「もうやめて」と叫ぶ。その声を聞いたガンシップに乗るアスベルは、動揺のあまり、射撃のためのボタンを握る手に力が入らなくなってしまう。

ナウシカの「もうやめて」という言葉は、当然のことながら、私を殺さないでという意味ではない。これ以上、誰も殺さないで、という意味であり、その悲痛なメッセージが深刻な祈りのようにアスベルの心に届くわけである。また、結末近くで、ナウシカは飛行ガメに乗ったペジテの兵士が運ぶ王蟲の幼生を助けようとしている。ペジテの兵士はナウシカに銃弾を浴びせかけるが、腕を広げ、銃の前に真っ正面に自らの身体をさらすナウシカの姿を見て、兵士は撃つのが恐ろしくなる。正確には、無私を体現するナウシカを殺害しようとする自分が恐ろしくなる。

これらの場面に描かれたナウシカの、あるいは宮崎駿の人間によせる希望の形は一致している。敵意や殺意をむき出しにする人間であっても、本人にすら気づかない無意識の領域に、あるいは本能の領域に、共生の感覚や相互扶助の感覚は潜在しており、そこにのみ、たった一つの希望と可能性があるのだ、という感覚である。そして、そのような相互扶助の精神を母胎として成立した慣習法によって運営される風の谷のような農耕社会もまた、この物語において、利害や金銭、欲望を媒体として構築された、近代的な国家組織に対する強烈な批判として、すなわち、唯一希望を託すことができる共同体の姿として、登場しているわけである。

さらに、ここから『風の谷のナウシカ』の世界とアナーキズムとのもうひとつの接点を見いだすことができる。大窪一志によれば、クロポトキンは歴史の流れにふたつの潮流を見ていたという（前掲「相互扶助の暗黙知を再発見する　クロポトキンに見えたもの」）。ひとつは、少数の支配者に対抗して自分自身を擁護するために慣習法的制度を作り上げてきた民衆であり、それは人間の根源的な共同性をになって相互扶助を営んできた。風の谷の人々がそれにあたる。遠い先祖からの遺伝子のように、木々を育て、森の恵みに感謝しつつ、自然との共生を企図してきた農耕共同体としての風の谷の暮らしぶりには、たしかに根源的な共同性や相互扶助の感覚が流れている。

一方、クロポトキンは、歴史の流れには、もうひとつ別の潮流があることもまた指摘している。それは、僧侶や書記、軍人などを従えた少数の支配者に率いられた共同体の系譜である。支配者たちは民衆を支配し、服従させ、統治し、自分たちのために働かせようとする。そこでは、共同体の構成員と構成員の関係が、根源的な敵対として現れる。エゴと利害、疑心暗鬼が媒体となって人間関係のネットワークが形成されるからである。映画には直接登場してはいないが、トルメキアの王族たちが、その「少数の支配者」にあたることは言うまでもない。クロトワをはじめとする軍人たちを率いて登場する設定そのものが、その事実を物語っている。

後者に関して言えば、一九八二年二月から一九九四年三月まで十数年にわたり『アニメージュ』

に断続的に連載された、コミック版『風の谷のナウシカ』において、その敵対的性格がより強調される形で描かれている。たとえば、コミック版にはクシャナの異母兄弟として現王の連れ子である三人の兄が登場している。兄らはクシャナの英雄的活躍に危機感を覚え、彼女が率いる軍団と彼女を引き裂き、さらには、その軍団を死地に追いやるなど、さまざまな権謀術数を用いて、クシャナの力を削ごうとしている。

またクシャナの母親はもともと先王の后であった。しかし、先王が死に母親は現在の王と再婚したようである。クシャナは先王の娘であるが、その存在を恐れた者が彼女に飲ませようとした心を狂わす毒をクシャナの母が飲み干し、結局、母親は狂気の中に身を置くことになる。子どもの頃からクシャナは、事情を知る者から、「お気をつけなさい　姫君はただひとり先王さまの血をひく方です　お生命《いのち》を狙う者がたくさんいます　生きるために何も気づかぬふりをして下さい　でも忘れてはいけませんよ　ここは毒蛇の巣なのです」と言い含められて育てられてきた。また、映画版には登場しないが、コミック版には、土鬼《ドルク》と呼ばれる、敵対する二人の指導者、兄と弟が君臨する帝国が登場している。この帝国は土俗的な信仰心を、帝国への絶対的な忠誠心を核とする国家宗教へと改変することで治められている（戦前の国家神道を思い起こさせる設定である）。

宮崎は筑紫哲也との対談の中で次のように語っている。

鉄砲で戦争やって負けて、経済で戦争やって、鉄砲でやったときに行ったような島々に今度はお金を持って観光客が行くようになった。でも、それも終わるだろうというのは、もう随分前からわかってたことですよね。それがいま、来ただけなんですね。ですから、日本人の没落というときに、何が一番気になるかといったら、今後右肩上がりの経済成長が続くかとか、マルチメディアがどうしたとかいうことよりも、この国にいる子供たちが元気なのかどうかということが、僕は一番気になります。つまり人が健やかに生きていれば、国は貧乏でもいいんですよね。どのみち、世界全体がとくに東アジアはもう人口爆発や、経済問題や、いろんなことで、これから大混乱になってくるでしょうから。僕らが青春時代に過ごしたような、「なんとなく先は明るいぞ」みたいな時代ではないことは、もうはっきりしているんですから。その中で自分の子供たちや孫たちが生きていくことを考えたら、その子供たちに何があげられるか、何もあげてないなというふうに思いますね。

（筑紫哲也との対談「くにのゆくえ」一九九六・五・二、九放送）

どんな国でも僕は滅びることはないと思っている人間なんです。つまり、国が破産しても、みんな元気で生きてますよね。僕らは簡単に国と言ってしまっているけども、国があんまり愚かでどうしようもないとひどい目に遭いますけど、民族というのか、人々というのは、国と関係ないんですね。（同右）

国が貧しくても消滅しても、そこに住んでいる人たちが元気であればいい、このような宮崎の言葉から透けて見えるのは、その土地に住む人々の生活圏としての自然発生的な共同体と、国家という人工物は、かならずしも重なるものではないのだ、という感覚である。ステートメントとネーションをはっきりと、自覚的に区別していると言ってもよい。そして、言うまでもなく宮崎にとって大切なのは前者、そこに住まう人間の生活であり、そこさえ健全ならば、国家は亡んでもよいとさえ言い切っている。

このような宮崎の共同体観は、『風の谷のナウシカ』にもはっきり見てとることができる。風の谷は（クロポトキンの言う意味での）「本能」に根を持つ相互扶助の感覚を母胎として自然発生的に成立した農耕共同体、トルメキアは科学や欲望と共犯関係にあるような、利害を媒介にして人間が組織した共同体である。言うまでもなく宮崎にとっての理想的な共同体、人間の生活は、絶対的に前者である。

そして、この相互扶助の感性が、風の谷をして、人間中心主義の弊を逃れ、自然との共生の道をひらいていることも見逃してはならない。相互扶助の「本能」が内包するエゴの否定が、人間を中心にものを考え、判断してしまうような独我論的思考を根っこから断ち切り、結果、風の谷の人々は、エゴを拡大していく対象として自然を扱うあやまちを回避しえている。

付け加えれば、宮崎の思想については、従来、潜在的に軍国主義やファシズムに傾斜しているのか、マルクス主義に傾斜しているのか、という観点から、くり返し論じられてきた（井上静、久美薫、斎藤環、酒井信など）。論者の立場によって、どちらにも見えてしまう不思議さが宮崎にはあるわけだが、私の考えによれば、このような宮崎の共同体観にその原因のひとつがある。

自然発生的な農耕社会を理想視する、ということは、近代文明や近代の国民国家を否定することを意味している。この点だけに注目すれば、宮崎に「左」への傾斜を指摘することになるだろう。しかし同時に、原始的な農耕共同体への憧れを媒体として、つまり風の谷のような共同体を理想視する形で、近代文明を乗り越えようとする宮崎の共同体観には、歴史を逆行するような違和感がつきまとう。先ほど確認したように、「人民」としてトルメキアと対峙する風の谷の民は、同時にナウシカに対してきわめて「封建的」な態度を示していた。相互扶助の精神を体現するジルやナウシカなど族長の血筋に対する献身は、風の谷の人々の生存様式そのものの実現と合致する。ナウシカは、風の谷の「人民」にとって、支配者ではなく彼らの理想や慣習法の体現者なのだ。それゆえ風の谷の民が絶対的な信頼を寄せ、命すらあずけてしまうことになる。谷の人々はジルやナウシカを媒介として自らの自我を十全に生きている。しかし、その姿には、自我を置き去りにして共同体の権威を全面的に受け容れる模範的な〈臣民〉、理想的な〈忠臣〉の姿を（見ようと思えば）見ることもできるだろう。ここに注目すれば、宮崎は「右」であると言えなくもない。政治的な立ち位置に関して宮崎の評価が極端にぶれるのは、原始への回帰を媒介として近代を相対化し批判していくアナーキズム風の共同体観が内包する両義性に、その原因のひとつがある。

自然に背反する人為　――『風の谷のナウシカ』から『天空の城ラピュタ』へ

さて、従来、数多くの宮崎作品において、環境問題が取り上げられてきた。正確にはそのような評価がなされてきた。ジブリと言えばエコと連想されるほど、そのようなイメージは世間に流通している。

そして本書の議論も、ここまで来てはじめて宮崎駿がなぜ環境問題に関心を抱きはじめたか、その理由を知ることになる。

ビクトリア朝時代のスラム街の中でマルクスが、何とかならないのか、環境を作り変えてやろう、と思ったわけです。経済のコントロールですよ。ところがコントロールというのは、必ず反作用を運んでくるというのが二十世紀の実験結果でした。全てのコントロールがことごとく失敗しているというのが、環境問題を含めて二十世紀の結論だと思います。

（前掲「子供達が幸せな時代を持てるよう、大人は何を語るべきか」）

酒井信は、「宮崎は「共産主義」が理想としてきた生産と分配のあり方を批判している」「なぜなら宮崎は「人間の必要に応じて生産物」を得ることが永続するほど「自然」は無限に存在しているわけではない、と考えているからである」と指摘している（『最後の国民作家　宮崎駿』文春新書　二〇〇八・一〇）。たしかに右の文章を読むと、マルクス主義、正確にはマルクスレーニン主義を掲げたソビエト連邦の壮大な実験が、失敗に終わった、と、宮崎が語っているようにも見える。しかし、「全てのコントロールがことごとく失敗しているというのが、環境問題を含めて二十世紀の結論だと思います」という次の一文に目を移すと、マルクスレーニン主義の失敗が、悪しき近代文明の一例として持ち出されていることに、私たちは気づくことになる。宮崎は二〇世紀文明全体を射程に収めつつ、その極北としてマルクス主義を持ち出している。近代文明は、環境を人間のコントロールに置こうとしてきた。資本主義であろうが社会主義、自然環境を人間の支配下に置こうとする悪しき人間中心主義＝エゴイズムの精神で貫かれている点では同じである、そう宮崎は言おうとしている。資本主義と社会主義、双方の母胎であるような近代文明そのものを否定しているのである。

ところで、このような宮崎駿の文明観をさらに理解していくにあたっては、次の文章がひとつの手がかりを与えてくれる。

人間と自然のかかわりあいについていえば、『環境考古学』（マイラ・シャクリー、加藤晋平訳、雄山閣、一九八五年）とか『緑の世界史』（上下、クライブ・ポンティング、石弘之ほか訳、朝日選書、一九九四年）とか、最近すぐれた文献も出ていますけれど、自然と人間の間には抜き差しならないものがあって、生産のつもりが破壊であったり、ひとつの文明が滅亡したりというふうな失敗を、人類はくりかえしてきたんですね。それはいままで地域的に行われていたんですが、いまや地球規模になってきています。それは善いとか悪いとか言うまえに、人間が善なるものと思ってやってきたことの結果であるわけですから、それをただ悪として片づけるには問題が複雑すぎて収まりがつかない。

（「森の持つ根源的な力は人間の心の中にも生きている『もののけ姫』の演出を語る」『シネ・フロント』一九九七・七）

ここから宮崎が自身の文明観を構築していくにあたって、マイラ・シャクリーの『環境考古学』（加藤晋平他訳　雄山閣出版　一九八五・三）、クライブ・ポンティングの『緑の世界史』（石弘之他訳　朝日選書　一九九四・六）を参照していることがわかる。また、その内容は、人間がよかれと思って追求してきた事柄が逆に自然や文明の破壊に繋がっていくような、人間と自然をめぐる歴史の重層性を論じたものであることが、右の言葉からおおよそ見当がつく。

両書を比べてみると、とくに『緑の世界史』において、宮崎の文明観との接点を確認することができる。もちろん、『風の谷のナウシカ』や後述する『天空の城ラピュタ』製作の方が、

『緑の世界史』の邦訳刊行に先行しているから、同書を参考にしてこれらの作品が構想されたと見ることはできない（直接的に影響を与えているという点で言えば、時期から見て『もののけ姫』の方がはるかに可能性は高い）。しかし、文明、あるいは人間と自然をめぐる歴史認識に関して、奇妙に符合している点が複数確認できるのも事実である。結果として言うならば、宮崎が自然と人間、文明に関して思索した事柄について、クライブの同書が部分的に学問的な裏づけを提供することになった、ということが言えそうである。

両者の接点はかなりの数にのぼるが、とりあえず、次の三点のみ紹介しておくことにしよう。まず第一は、『緑の世界史』冒頭で語られる「文明の進歩が退歩をもたらす」という歴史認識である。同書ではその具体例として、モアイ像で有名なイースター島の歴史が紹介されている。クライブによれば、イースター島の歴史は、失われた文明の神秘の物語ではなく、人類がいかに環境に依存しているか、その環境が破壊された時に何が起こるかを私たちに伝えている。一八世紀ヨーロッパ人がこの島に初めて上陸した時に目にした光景は、みすぼらしい茅ぶきの小屋や洞窟で生活する未開状態の島民であり、彼らはわずかの食料を求めて闘争を繰り返し、人肉食さえ厭わない状態にあった。にもかかわらず、六〇〇体以上の巨大な石像群が点在しているこの島は、かつてこの場所に社会的にも技術的にも高度な文明が存在していたことを示していた。

イースター島における文明の衰退の謎を解く鍵は、島全体におよぶ森林破壊によってもたらされた深刻な環境の悪化であったと、同書には記されている。人口の増加に伴い、開墾や燃料の確保、生活用具や漁労用のカヌーをつくるために大量の木材が必要となっていった。さらに、巨大石像を祭司場まで運ぶために莫大な量の丸太が使用されることになる。結果、一六〇〇年までに島はほぼすべての森林を失い、石像の多くは石切場に放置されることになる。また、森林破壊によってカヌーをつくることができなくなり、漁労も停止し、裸地の増加によって土壌が流出、作物の収穫量も低下。枯渇していく資源をめぐって争いは激しくなり、島は恒常的な戦闘状態となっていった。結果、イースター島の人口は急激に減少していくことになる。「膨れ上がる人口と文化的欲望は、限られた資源をもってはとうていあがえないほど過大なものとなってしまった。そして、環境が収奪の圧力に屈したとき、社会はまたたく間にその環境とともに崩壊し、未開状態にまで後退したのである」、イースター島の歴史を顧みて、クライブはこのように語っている。

もはや言うまでもないことかもしれないが、人口爆発↓森林破壊↓恒常的な戦闘状態↓未開状態への文明の後退、このようなイースター島が衰滅していく歴史過程は、『風の谷のナウシカ』の世界と（そして、『未来少年コナン』の世界とも）奇妙に符合している。映画版『風の谷のナウシカ』の結末近くには、腐海のほとりの廃船に風の谷の人々が立てこもり、クシャナが率いるトルメキア軍と対峙する場面がある。その廃船についてクシャナとクロトワが会話を交わすのだが、この会話でクシャナが「お前はあの船が何だか知っているのか」と言うと、クロトワが「火の七日間の前につくられたやつでしょう、ウソか本当かしらねえが星までいってたとかなんとか……えらく硬いから砲もきかねえが、ナニ、穴にぶちこめば」と答えている。

このセリフから、文明の後退という歴史感覚が、この物語の登場人物たちの間ではっきりと共有されていることがわかる。かつて人類は高度な文明を持ち、星まで行くことすらできたが、火の七日間をきっかけに文明は衰退し、虫におびえ絶滅の危機に直面している、これが彼らの歴史認識である。先ほども説明したように、火の七日間とは一〇〇〇年前に行われた世界最終戦争であり、結果、地表のほとんどが汚染され森は失われ、巨大化した菌類の森に地球は覆われるようになった。そして、生き残った人々は汚染が進んでいない土地に細々と暮らすようになったわけである。トルメキアの臣民と風の谷の人々の違いは、このような文明の後退を文字通り後退として否定的に認識し、再度、人類をして地球の王者たらしめようとするか、文明の後退は人類と自然の正しい関係のありようを回復するものだと、むしろ積極的に捉えるかにある。

『風の谷のナウシカ』から話題は離れるが、『緑の世界史』と宮崎の文明観のふたつ目の接点は、『天空の城ラピュタ』の物語設定に見ることができる。

まずは『緑の世界史』の議論から見ていくことにしよう。

クライブによれば、農耕社会と狩猟社会の最大の違いは、農耕社会の場合、大量の労働投下の見返りとして、小面積からのきわめて高い食料生産が可能になるところにある。言い換えるならば、耕作者やその家族が食べる食料以外に余剰生産物を手に入れることが可能になる。そして、この余剰生産物によって、食料生産に直接従事しない人々の生活を支えることが可能となり、これを物質的基盤として、宗教的、政治的、軍事的な特権階級が出現することになる。これらの支配階級が農民に食料の供出を強制し、自分たちの階級に再配分する仕組みを持つ社会を構築することになるのである。

ここで問題なのは、食料生産に従事する人々と従事しない人々との人口比率である。非農耕民が増大する、ということは、その分だけ、余剰生産物を供出しなくてはならない。結果、従来よりも余計に、環境に負荷をかけてしまうことになる。クライブによれば、メソポタミアやインダス川流域、中央アメリカなど、環境がその負荷に耐えられなくなり、食料生産が落ちこみ、環境破壊が社会に深刻な打撃を与え、最終的に文明が崩壊していった例は、世界史上、多数存在する。

このような文明興亡のプロセスは、『風の谷のナウシカ』に続く宮崎作品、一九八六年八月、劇場公開された『天空の城ラピュタ』に登場するラピュタ人のそれとよく似ている。

この物語に登場するラピュタという名前の伝説の浮島は、かつて高度な科学技術で地上を支配した恐怖の帝国であった。ラピュタ人は「飛行石」と呼ばれる、空を浮遊する石の結晶を取り出す技術を手に入れ、帝国の根拠地を、「ラピュタ」と呼ばれる空中を浮遊する浮城に求めることになった。この浮城を拠点として地上を支配したのである。

物語のヒロインであるシータはラピュタ王家の正当な王位継承者であるが、彼女の一族は、その過去を秘匿し、表向きは平凡な農家として生活を営んでいた。つまり、ラピュタ人は彼らの歴史のどこかの段階で衰滅し、地上を支配する力を失い、結局、浮島を放棄して地上に戻ってきたわけである。『天空の城ラピュタ』は、国防軍やもう一人のラピュタ人の子孫ムスカ、海賊のドーラ一家、そして父がかつてラピュタを見たという主人公パズーが、シータを巻き込みつつ、飛行石やラピュタを目指す物語である。

四方田犬彦は、この作品について、「それにしても興味深いのは、宮崎の世界に現れる風景がつねに廃墟であるという事実だ。少年の住む渓谷は産業革命の興奮が過ぎ去ったのちのなかば廃墟と化した町であり、ラピュタは科学文明が滅亡し植物だけが繁茂する城砦である」(『朝日ジャーナル』一九八六・八)と論じている。たしかに、『天空の城ラピュタ』には衰亡に向かうふたつの文明が登場する。ひとつはパズーの住む炭鉱の町に象徴された産業革命以降の近代文明、そして、もうひとつはかつて高度な科学技術をもって世界を支配したラピュタ人の文明である。パズーやシータがラピュタを訪れた時、そこはすでに無人の廃墟となっていた。物語の結末近くでシータはムスカに向かって、「今はラピュタがなぜ亡びたのか、私、よく判る。ゴンドア(筆者注、シータのいた村の名前)の谷の歌にあるもの。土に根をおろし風と共に生きよう、種と共に冬をこえ、鳥と共に春をうたおう…どんなに恐しい武器をもっても、沢山のかわいそうなロボットをあやつっても土からはなれては生きられないのよ」と叫ぶ。このセリフを通じて、宮崎は、彼の文明観をきわめて率直に語っている。ラピュタ人の文明が衰退した根本的な理由は、彼らが土から離れたからなのだ。クライブの議論に引きつけて言うならば、余剰生産物を物質的基盤として形成されたのが、ラピュタ人の文明であった、ということになる。

科学技術を駆使して飛行石の結晶を手に入れ、空中で生活するようになったラピュタ人は、食料生産活動から遊離し、余剰生産物に依存する形で成立する支配階級の姿を暗喩している。そして、その行く末にはかならず衰滅が待っている。土に根を下ろし、自然の運行に身を任せ、共生していくところにこそ、普遍的で確かな生の営みがある、その反対に自然から遊離し余剰生産物に依拠するような文明は（産業革命以降の近代文明もその中に入るはずである）かならず衰退していく。ラピュタという無人の浮城、廃墟はそのような宮崎の文明観を象徴している。

マルクス主義への懐疑

右の話ともつながるのだが、クライブの『緑の世界史』との三番目の接点は、環境問題を立脚点として、宮崎がマルクス主義に対する批判的な視点を獲得しているところにある。クライブは『緑の世界史』においてマルクス主義について次のように語っている。

マルクス、エンゲルスそしてレーニンの三人とも、社会全体で消費を減らし、簡素で調和のとれた生活をすることが大きな幸福につながるという、自由意思論的な社会主義思想をまったく受けいれようとはしなかった。逆に彼らは、プロレタリアートの消費水準を一九世紀ヨーロッパのブルジョアなみに引き上げることを最優先の目標として掲げた。そして、社会主義は、工場により組織された先進工業社会を基盤に、強力な国家権力によって実現されるはずであるとした。

マルサスらの悲観論を排し、生産の増加を通じて人間社会の無限の可能性を説いたマルクス主義に一般的な楽観性は、「土地の生産性は資本、労働、科学を用いることにより無限に向上させることができる」というエンゲルスの言葉に象徴されている。

（前掲『緑の世界史』）

さらにクライブは同書で、社会主義諸国では、実際には西側の資本主義経済よりもさらに生産性が強調され、環境に対して大きな被害を与える可能性を内包していたが、すべて無視された、その背景には、「人間の最高の成功は必要に応じて自然を改造できる能力を持つことであるとする物質万能主義的な哲学があった」と指摘している。クライブのマルクス主義批判が、本章の冒頭近くで引用した宮崎による批判とほぼ一致していることは明らかである。宮崎によれば、二〇世紀とはマルクス主義をも含めた近代文明が自然を人間のコントロール下に置こうとして失敗した世紀であった。

宮崎駿が描く物語世界は、マルクス主義が理想視する歴史の「進歩」とは、正反対の方向を向いている感がある。たとえば、マルクス主義にあっては、近代国家よりも慣習法によって運営されるような農耕共同体の方がより野蛮で残酷な様相を見せる、と位置づけられている。いわゆる唯物史観である。ここでは一般的な説明の範囲にとどめるが、唯物史観とは近代資本主義社会にあって労働者が疎外される状況（搾取）にある現実を、歴史上の客観的事実から説明することが目標とされている。唯物史観において、人類の歴史は生産力と生産関係によって規定されている。生産力とは生産技術、つまり科学技術と人間の労働力の総体を意味し、生産関係とは、生産を社会的に形式づける人間諸関係、つまり国家など共同体の構造を指す。マルクスの『経済学批判』（武田隆夫他訳　岩波文庫　一九五六・五）には、「大ざっぱにいって、経済的社会構成が進歩してゆく段階として、アジア的、古代的、封建的、および近代ブルジョア的生産様式をあげることができる」と記されているが、生産力と生産関係の関係は卵の中身と殻のようなものであり、生産力という中味が大きくなっていくことで、古い殻は破られ（革命などの社会変動）新しい生産関係が形成されることになる。アジア的、古代的、封建的、近代ブルジョア的とは、生産関係における「進歩」（労働の疎外状況の改善）のプロセスであり、これらの段階を経て人類はやがては社会主義、共産主義へとさらなる「進歩」を遂げていくことになる。かなり雑な説明だが、大づかみに言えば、唯物史観とはこのような考え方を指す。

もはや言うまでもないことだとは思うが、このような唯物史観に『風の谷のナウシカ』を当てはめてみると、トルメキアの方が風の谷よりも「進歩」している、ということになる。なるほど見ようによれば、そう言えなくもないかも知れない。強大な軍事力をもっている、ということは、それを可能にする科学技術や労働力、資本の蓄積がトルメキアにはあるはずである。しかし、宮崎は『風の谷のナウシカ』において、明らかに、「進化」のベクトルを正反対の方向に反転させている。宮崎にとって、人生を肯定することは、唯物史観が指し示す「進歩」の方向を否定することとほぼ同義である。むしろ、進歩のベクトルを反転させることによって、はじめて人間に希望と可能性を発見することができる、そう宮崎は考えている。

またマルクスは、共同体構成員の関係の構造を諸個人が人格的に結びついて社会を構成する「人格的依存関係」と、商品という物象を媒介として結びつく「物象的依存関係」に分類している。先ほど紹介した大窪一志の論考によれば、「人格的依存関係」、今の文脈で言えば、相互扶助の関係は、マルクス自身その存在は認めてはいたが、同時に、現実には潜在的なものとしてとどまるほかないと見ていた。相互扶助の精神は、たとえば、国民国家にあっては、ナショナリズムという形で吸い上げられていくことで、ブルジョアジーとプロレタリアートの階級対立を見えなくしてしまう、というわけである。とするならば、労働の疎外状況を打破するためには、むしろ「人格的依存関係」を疑ってかかるしかない。言い換えれば、「物象的依存関係」、エゴや欲望を媒介として他者と繋がるような関係のみを現実と認め、そのような性悪説的な人間認識、社会認識を前提として世界観を構築し、歴史の「進歩」の方向をエゴや欲望の拡大のプロセスとして位置づけていくほかなくなってしまう。

一方、宮崎はこのような人類の「進歩」のありようについて、次のように反論する。

長生きしたい、貧乏もしたくない、お腹いっぱい食べたい、その結果、こういう状況にきた。やり方を間違えたからじゃなく、文明の本質の中に、こういう事態を起こす原因があったんだと思うからなんです。

（前掲「〝風の谷〟の未来を語ろう　火を捨てる？「ナウシカ」と冷蔵庫のある「エコトピア」」）

先ほども述べたように、個人的欲望の拡大や、人間中心の視点から自然を破壊しつつ進行する人類の繁栄に近代文明の本質を見る宮崎からすれば、マルクス主義もまたその一変容《バージョン》にすぎなかった。解放すべきプロレタリアートの幸福とは、搾取の廃止、つまり、生産物が平等に分配され物質的幸福が増大していくことを意味するならば、富が平等に分配される限り、生産の増大――もちろんそれは環境破壊を必然的にともなうわけだが――は、人間の幸福の増大とほぼイコールで結ばれるはずである。資本主義も社会主義も欲望の拡張を文明の母胎としているという点だけを見れば、なんら変わりがない。「ただ人間というのはある生産関係とか、いろいろなものの中で生きているわけであって、主人公たちの心情とか思いだとか人間関係だけで映画を作るのはおかしい」「初めは生産と配分の問題だとかそういうふうなレベルで話していたことも、自然との関わり合いの中でそれを論じないとどうも充分でないと思ったんですね」（佐藤忠男との対談「凶暴で残忍な部分がないと野生を描くことにならない」『キネマ旬報』臨時増刊一九九七・九）と宮崎が語るのも当然である。人間は自己と他者という関係の中に生きているが、そのような人間関係のネットワーク自身が、資本主義や社会主義などの生産関係の中で形成されている。そして、その生産関係はさらにその外部にある自然との何らかの関係をもって成立している。人は他者と関わり、社会と関わり、自然と関わっている。そして、この三者は、実態としては、不可分の関係にある。だからこそ宮崎は、富が、ある生産関係の中にある人たちの間でどう配分されるのかという問題さえ、その生産関係が成立する母胎である自然や環境を視野に収めなければ、答えを見つけることはできない、と語るわけである。

「広場の孤独」という生存様式 —— 堀田善衛との接点

では、マルクス主義に対する批判的な視座を、宮崎はどのようなプロセスを経て獲得したのか。この問題を考えていく時、浮上してくる問題のひとつが、宮崎における堀田善衛の影響である。

司馬遼太郎・堀田善衛との鼎談集、『時代の風音』（ユー・ピー・ユー　一九九二・一二）のあとがきで、宮崎は「心情的左翼だった自分が、経済繁栄と社会主義国の没落で自動的に転向し、続出する理想のない現実主義者の仲間にだけはなりたくありませんでした」、そこで、「自分がどこにいるのか、今この世界でどう選択して生きていくべきか」司馬と堀田に教えを請おうとした、と述べている。

『出発点　１９７９～１９９６』巻末の年譜によれば、はじめて宮崎が堀田の書に出会ったのが、大学生の頃、一九六〇年頃のことのようである。二〇〇八年一〇月、宮崎は神奈川近代文学館で堀田善衛に関する講演をおこなっており、ざっと計算して、おおよそ半世紀にわたって、宮崎は堀田善衛の作品に親しんできたことになる。

宮崎はこれまで繰り返し堀田善衛について言及してきているし、他にも堀田に関するエピソードは多い。二〇〇四年、徳間書店から堀田の著作が三冊復刊され、宮崎が帯に推薦の言葉を書いているが、これも宮崎の働きかけによる。また徳間から復刊された内の一冊は、堀田がNHK人間大学でおこなった連続講義『時代と人間』なのだが、そのDVDがジブリ学術ライブラリーで再発売されている。また、ジブリのプロデューサー、鈴木敏夫の『仕事道楽　スタジオジブリの現場』（岩波新書　二〇〇八・七）によれば、『天空の城ラピュタ』のガイドブックへの寄稿を依頼した際、堀田の自宅まで宮崎と鈴木敏夫は出向き、『風の谷のナウシカ』を観てもらったという。これら一連のエピソードは、間違いなく宮崎の堀田への深い思い入れが引き起こした出来事である。

堀田善衛は一九一八年富山県高岡市に生まれた。一九三六年慶應大学に入学。そのころから文学に興味を持ち始め、ボードレールやランボーなどフランス象徴詩を愛読するようになる。一九四二年慶應義塾大学を卒業、卒業論文は『ランボーとドストエフスキー』だった。このころ吉田健一や小林秀雄、河上徹太郎などと知り合っている。一九四五年三月、堀田は国際文化振興会から中国に派遣されるのだが、この時期の東京はすでに空襲で焼け野原になっており、彼は焼け落ちた東京を見ながら繰り返し、『方丈記』を読んでいたという。八月、堀田は、上海で武田泰淳とともに敗戦をむかえ、一二月には、中国国民党宣伝部に徴用されてしまう。帰国は一九四七年一月だった。この時期の体験が自分の生き方に決定的な影響をもたらしたと、堀田は『上海にて』(筑摩書房　一九五九・七)で回想している。

戦後における堀田の創作が本格化するのは、『波の下』(『個性』　一九四八・一二)、『共犯者』(同　一九四九・五)、『祖国喪失』(『群像』　一九四九・五)、『彷徨える猶太人』(『人間』　一九四九・五)あたりからである。一九五一年『広場の孤独』その他の作品により、芥川賞を受賞している。没年は一九九八年。八〇歳である。

堀田善衛との出会いについて、宮崎は次のように回想している。

僕にとって、堀田さんは格別な人なのだ。

読者になって三十年にもなるが、この間、堀田さんの歩みと作品が、どれほど僕の支えになってくれたか判らない。日本という国が大嫌いで、日本人であることが恥しくてたまらなかった若い頃に、堀田さんの『広場の孤独』をはじめとする諸作品に出会って、この人は自分と同じ問題をかかえているらしいと感じた。その人は、はるかに深く、ずっと遠くへと背筋をのばして歩いていた。僕などいくら努力しても、とても追いつけないのだが、後姿がいつも進むべき道を示していてくれた。

（「堀田さんの声がきこえる」『青春と読書』一九九三・一）

一読して明らかなとおり、宮崎駿における堀田善衛との出会いは、彼の戦争体験と密接に関係している。終戦を少年期に体験した宮崎駿は、日本という国家や日本民族に対して、激しい嫌悪感を抱いていた。日本人である私や私を取り巻く社会に対して深く絶望し、深刻なニヒリズムの中にあったのである。そのような精神状態の中で宮崎は、『広場の孤独』などの堀田善衛の文学に出会い、そこに自らの生の指針を発見する。

宮崎の戦争体験については、「呪縛からの解放――『栽培植物と農耕の起源』」（『世界』臨時増刊　一九八八・六）に詳しい。これによれば、幼少期の宮崎は、（自らの言によれば）「安っぽい民族主義」を信じていた。そして、もの心ついたのは、「日本人の多くが敗戦で自信を失い、民主主義に転向する時期」だった。その時期、社会には「人間ばかりが多く、資源に乏しく、民度の低い四等国」と自分たちを自嘲する空気が満ちあふれていた。そして、もう一方で、未だ「農村は貧困と無知と人権無視の温床」となっており、「まわりには中国人を刺殺したことを自慢する大人たちがいた」。宮崎の母親は「敗戦時の変節を理由に、進歩的知識人を軽蔑し、「人間はしかたのないものなのだ」と不信と諦《あきら》めを息子に吹き込んだ」、と回想している。

宮崎の戦争体験が精神的にかなり陰惨なものだったことがわかる。終戦後、天皇制、万世一系、大東亜共栄圏など、国家・人種・戦争遂行を積極的に価値づけるあらゆる「正義」が否定されていった。戦後におけるさまざまな総括に触れる中で、少年期の宮崎が抱いていた民族主義的心性は「劣等コンプレックスにとって代わり」「日本人嫌いの日本人」になっていく。中国や朝鮮、東南アジアの国々への罪の意識におののき、自分の存在そのものを否定していったのである。つまり、自分たちの国家も自分たちの民族もそして自分自身も、この世に生存することすら許されていない絶望的な存在なのだ、という徹底的な自己否定とニヒリズムが、終戦をきっかけとして、宮崎の内面に広がっていったわけである。そして、戦後民主主義あるいは戦後のマルクス主義の影響下で「心情的左翼になったが、献身すべき人民を見つけること」もできなかった。左翼運動もまた宮崎を精神的に救済するものではなかったのである。

宮崎が堀田善衛の文学に出会ったのは、このような時期である。宮崎の目には堀田が「自分と同じ問題をかかえている」ように見えた。しかし、堀田は自分など「いくら努力しても、とても追いつけない」ほど、ずっと先を歩いており「後姿がいつも進むべき道を示していてくれた」と宮崎は語っている。国家の大義も民族の優秀性も信じることができず、インターナショナルを標榜する左翼思想にも心酔できず、ニヒリズムの中をただよう宮崎が、唯一信じることのできた生の指針が、堀田善衛の文学だったのである。

おそらく宮崎は堀田の作品や随筆のほとんどを読んでいると思われるが、とりあえず、彼が作品名を挙げて言及している『広場の孤独』を手がかりとして、どのように影響を受けたのかを考えてみたい。『広場の孤独』はその前半が一九五一年八月、雑誌『人間』に、後半が同年九月、雑誌『中央公論』に発表された中編小説である。

主人公である木垣は二年前に小説家を志し、ある新聞社を退職したが、現実には翻訳の下請けで生計を立てている。そして、朝鮮戦争が勃発して渉外部が忙しくなり、もとの新聞社で臨時手伝いをするようになった。未婚だが恋人らしい女性はおり、彼女は日本での生活に不安を感じ、海外への脱出を望んでいる。一方、木垣に共感している若い記者たちは「赤追放令」（レッドパージ）で職場を追われることになる、という物語である。

「広場の孤独」とは作品中、主人公の木垣が書こうとする小説のテーマおよびタイトルとして登場する言葉である。作中、木垣は「任意の stranger を主人公にして〈小説〉を書いてみたらどうか」と構想を練りはじめている。ここで言う任意の人物とは、あらかじめ主人公を実体化し、ある個性なり主体性の持ち主として設定せずに、さまざまな出来事や変化に応じて一定の立場を選択する、そして選択するたびに主体性がすこしずつ形成されていくような生存様式を体現する人物であることを意味する。このような人間存在のありようを想定する場合、その前提となってくるものは、そもそも存在の本質的性格とは、「未知数のX」「予見不能の地域」「虚点」「台風の中心にある眼の虚無」であるという考え方である。

台風の中心にある眼の虚無を、外側の現実の風を描くことによってはっきりさせる――こうしておれの存在の中心にあるらしい虚点を現実のなかにひき出してみれば、おれは生身の存在たるおれを一層正確に見極めうるのではないか。予見不能の地域、台風の眼、それは人間にあっては魂と呼ばれるものではないか。もしそれが死んでいるならば、呼びかえさねばならぬ。この〈小説〉の題名は、そうだ、ひとまず Stranger in Town これを意訳して、広場の孤独、とするこの文章において主人公が表明している疑問とは、私たちが自分自身として信じているものが、実はそうではなくて、単にそう思い込まされているだけではないか、〈私〉とは、実はイデオロギーにすぎないのではないか、というものである。

人間存在の実存的本質、すなわち「魂」とは、いかなる意味づけも拒否するような虚無それ自体であり、そのような存在のありようを指して、木垣は「広場の孤独」と名づけている。

木垣が「広場の孤独」にこだわるわけは、朝鮮戦争下において、自己の主観的な姿と客観的な姿の距離感のようなものが出現したからである。朝鮮戦争下の工場労働者は主観的には「一抹の疑いとともに孤立感、孤独感」を抱いていたとしても、彼らは確実に朝鮮戦争下の日本の現実に関わっている。言い換えれば、大東亜戦争とは別の戦争にうながされる形で工場での労働に従事している。彼らは主観的にはどうであれ、朝鮮戦争下の日本、あるいは東西冷戦下の世界という「広場」の中で見れば、けっして「孤独」ではない。

作品の末尾には次のように記されている。

星々はいつの間にか消えてしまって、空はいつものように暗かった。光は、クレムリンの広場とかワシントンの広場とか、そういうところにだけ、虚しいほどに煌々と輝いているように思われた。そして彼はそこにむき出しになっている自分を感じた。生まれてはじめて、彼は祈った。レンズの焦点をひきしぼるような気持で先ず書いた。

広場の孤独

と。

「広場の孤独」とは、「クレムリンの広場とかワシントンの広場」といったような「大きな物語」（J・F・リオタール）、イデオロギーの外部に位置するような自分自身である。主観的に主体であると信じられている自己存在は、すでにある超越的な価値が内面化された姿にほかならない。〈私〉の実存的本質をいかなる意味づけもなされていないような「虚点」と定めることによって、はじめて〈私〉は社会や歴史、国家に操られることを回避し、共同体との共犯関係を断つことができる。「広場の孤独」とは、共同体が声高に唱道する大文字の正義に操られ、無自覚なまま暴力に荷担してしまうことを回避するために、積極的に選び取られた生存の様式である。

自分が、国家としての日本と、風土としての日本を、分けて考えようと努力できるようになったのは、ほんの最近のことなのだが、その裏返しで凶暴な攘夷思想が頭をもたげたり、諸事あやふやになって、安っぽいニヒリズムに流されたりする。そんな時に、不思議と堀田さんのエッセーに出会う。そして、やっぱり、はるかに深くずっと遠くを歩いている後姿を発見して、正気にかえるのである。

（前掲「堀田さんの声がきこえる」）

堀田について、宮崎駿はこのように語っている。堀田善衛の文学は、ふたつの意味で宮崎駿に生の指針を与えている。ひとつは、正義の体系や自由主義や共産主義といったような政治的イデオロギーに飲み込まれそうになってもなお、その熱狂と距離を保ち、自分自身を保持しつづけることの大切さを示している点である。もうひとつは、正義やイデオロギーに対して距離を保つ「わたし」の内部を、荒涼としたニヒリズムとしてとらえるのではなく、「広場の孤独」という積極性を持った生存様式として、とらえている点である。

このような「広場の孤独」という生存様式は、物語に登場する人物像を宮崎が設定なり造形なりする際にも、重要な指標となっている。たとえば、宮崎はシナリオを作成していく際の注意すべき点として、次のように語っている。

主題をはっきりとさせる。主題というと、文明批評とか、世界平和とか大ゲサな看板を考える人もいるが、ここで言う主題は、もっと単純で素朴で、つまり根源になるものだ。世界平和で正当化した屍臭《ししゅう》ただよう戦争マンガ、まじめに生活している人間……だからありきたりだし平凡な人々……への軽蔑《けいべつ》に裏打ちされた英雄の美化、大きな看板ほど、いい加減な作品のかくれミノになりやすい。

（前掲「発想からフィルムまで」②）

この文章からあきらかに宮崎が物語に登場する登場人物、とくに主人公の造形にあたって、「広場の孤独」的な発想を元にしていることがわかるだろう。ある政治的なイデオロギー、宮崎の言葉で言うところの「大きな看板」は英雄を生み出す。その英雄とは、たとえば世界平和を実現するために腐臭漂う戦場で活躍するような人物を意味する。もしそのような人物が英雄ならば、自分の日常や生活、家族を守るところにのみ努力を傾注し、世界平和の実現に参加しない人々は軽蔑の対象にしかならない。

よく知られている話だが、宮崎は子供のころから、兵器マニアであり、戦争映画に胸を躍らせ、兵器の絵を描きながら少年期を送っていた。子どもの頃の宮崎は「炎上し、沈没しつつある艦上で、最期まで砲を撃ちつづける男たちや、輪陣形の吐《は》き出す閃光弾《せんこうだん》の雨の中へ突入していく男たちの勇ましさ」、兵士たちの英雄的な活躍に興奮し、感動していたわけである。「その人たちが、本当は生きたいと願っていて、しかも、犬死にを強要されたのだと思い至ったのは、ずっと後になってのこと」だった(「続発想からフィルムまで」②『月刊絵本別冊アニメーション』一九七九・七)。物語として語られた兵士の英雄的な活躍は、実は実際に戦争に参加した兵士たちの悲惨な境涯や悲劇を忘れさせてしまう、そう宮崎は気づいたわけである。このような宮崎の気づきの背景に、堀田善衛の影響があったことは間違いない。

図式的に言えば、宮崎が紡ぎだす物語にあって、主人公は常に「正義」や「大きな物語」に対して一定の距離を保っている。一方、主人公との対立軸を形成する敵役は、国家組織の一員としてナショナリズムを行動原理としつつも、そこに自らのエゴイズムをすべり込ませている。

もちろん、『風の谷のナウシカ』の主人公、ナウシカもまた、「広場の孤独」に身を置くことを、貫いている。そもそも風の谷の地政学的な位置そのものが、巨大な帝国主義国家、トルメキアの周辺に位置している。彼らは帝国の忠実な臣民ではなく、トルメキアの圧倒的な軍事力の前に従属を強いられているにすぎない。

ナウシカもまた一貫して、あらゆる「正義」に対する不信感を抱いている。「大きな物語」にはかならず巨大なエゴイズムが潜在していることに、つまり、トルメキアが唱える王道楽土の夢が、人々の日常やささやかな生活の犠牲の上にしか成り立たないことに、ナウシカは気づいているのだ。トルメキアだけではない。トルメキアに亡ぼされたペジテが信じる「正義」すら、ナウシカは信じようとしない。ナウシカの視点に立てば、加害者のトルメキアも被害者のペジテもその罪悪の質は同じである。両者は行動原理を共有している。そこにあるのは、自己中心主義の拡大された姿であるような、自国中心主義、人種主義、そして人間中心主義である。これらは姿形は異なって見えるものの、同心円状に位置しており、入れ子式の構造となっている。いずれもエゴイズムの一変調《バージョン》にすぎない。自己中心主義に立てば他者と敵対し、人種主義の立場に立てば他民族と敵対し、人間中心主義の立場に立てば、自然と敵対することになる。広場に集う群衆たちは、国家、人種、人間という「大きな看板」に熱狂し、自らの思考に潜在するご都合主義的な発想やエゴイズム、ナルシシズムに気づくことはできない。

作品の末尾、宇宙船の廃墟に立て籠もった風の谷の人々とトルメキア軍が対峙するところに、ペジテの策謀で怒りに我を忘れた王蟲の大群が押し寄せてくる。暴走する王蟲の大群をナウシカが身をもって制止し、最終的にトルメキア軍は風の谷と和解し、本国に帰還していくというのが、映画版『風の谷のナウシカ』のラストである。

怒りを鎮めた王蟲たちが、命を落としたナウシカを生き返らせる場面で、大ババと谷の子どもたちは次のような会話を交わしている。

（大ババ）「なんといういたわりと友愛じゃ…オームが心をひらいておる…子供達、わしのめしいた目のかわりに見ておくれ…」

（子供達）「姫姉さままっ青な異国の服をきているの、まるで金色《きんいろ》の草原《くさはら》を歩いているみたい…」

（大ババ）「その者青き衣をまといて金色の野に降り立つべし…」

（子供達）「ババさま…」

（大ババ）「古きいいつたえはまことであった…」

谷に伝わる古い伝承、すなわち、物語の冒頭近くで紹介される「その者青き衣をまといて金色の野に降り立つべし、失われし大地との絆をむすび、ついに人々を青き清浄の地にみちびかん」という予言の言葉に登場する、「失われし大地との絆」を結ぶ救世主＝メシアこそナウシカであったことが、この物語のラストの場面で、確認されるわけである。

ナウシカは王蟲の大群の前に身を投げ出すことで、最終的に、風の谷とトルメキアとペジテの敵対的関係を失効するだけでなく、人間と王蟲、すなわち人と自然の敵対的関係をも失効している。異国の衣をまとうという伝承に歌われたメシアの姿は、風の谷の人々から見ても、ナウシカが共同体の外部にあるような他者であることを、暗示している。共同体と共同体の間に立つことで、ナウシカは風の谷とトルメキアの対立的関係を解消することに成功するのだ。そして、そのナウシカは同時に、人間と自然の対立的関係の中にあっても、一方にくみすることなく、どちらにとっても他者であるような存在であった。子供の頃、王蟲の幼生をかくまい、父親のジルに「虫と人とは同じ世界にはすめないのだよ」と諭され、取り上げられた経験を、ナウシカは持つ。ナウシカは人でありながら、同時に、人間の視点に立てば恐怖と脅威の対象でしかないような虫、あるいは虫が象徴する自然とも視点を共有している。そして、そんなナウシカだからこそ、人間と自然の対立的関係を失効して、失われた絆の回復に成功するのである。

あらためてナウシカという少女の本質を考えてみると、結局の所、彼女の優しさ、あるいは道徳的な姿勢とは、徹頭徹尾、外部の存在であろうとしている点で一貫している。彼女は広場にあって、ある群衆と別の群衆の間に立って、ひとりであろうとしている。言い換えるならば、共同体の外部へ外部へとたえず自らの位置を移動し続けるような実践的な主体としてあろうとしている。いささか逆説的な言い方になるが、そのような「突き放し」が彼女の慈愛と優しさの本質なのである。かりにナウシカが風の谷の構成員として自らをアイデンティファイしてしまえば、彼女はトルメキアともペジテとも敵対しないではいられないだろうし、最終的には谷の人々を助けるために王蟲とも腐海とも訣別しないではいられないはずである。

押井守は、物語のラストの場面、ナウシカが命を投げ出して王蟲の暴走を食い止めようとするシーンに言及して、「色々粉飾をこらしているけど、特攻隊精神が充満している」と論じている（「押井守インタビュー」『キネマ旬報』臨時増刊　一九九五・七）が、これまでの分析から言って、押井の指摘はまったくまちがっている。かりに、共同体（たとえば、大日本帝国）なり、その共同体の体現する理念（たとえば、万世一系や八紘一宇、忠孝一致）に殉じることを「特攻隊精神」と言うのであるなら、ナウシカは、むしろ、いかなる共同体にもいかなる理念にも殉じないことに殉じようとしている。あるいは、ナウシカにおける相互扶助の精神とは、みずからをどこにもアイデンティファイしない移動的な主体である点に、その本質がある。だからこそ彼女はエゴイズムやナルシシズムの変容にすぎないような共同体的思考とも人間中心主義とも無縁でありえるのであり、それゆえに、自己と他者、人間と自然という対立関係とは没交渉な超越論的主体として、内か外かを問わずあらゆる存在に対して、慈愛をもって接することができるのだ。

ナウシカにとって、自己と他者の共生、自民族と他民族の共生、人と自然の共生すなわち相互扶助は、自己や共同体、民族、人間を主体化するような思考を停止することによってのみ可能となる。腐海が世界を再生させていること、きれいな水を作り、人間の生活を守っていることを知ること、人は環境を支配しているのでなく環境に生かされている存在であることを知り、自己も人間そのものも主体ではなく客体として定位しなおすことで、人と人の敵対も人と自然との敵対も失効していくことを、ナウシカは知っているのだ。堀田善衛の言葉を使えば、ナウシカは「虚点」として、徹頭徹尾、無私な私を、「広場の孤独」を生きている。広場の群衆を超越論的立場から客体として眺める「台風の中にある眼の虚無」を信じている。そして、そのような生存の様式が、ナウシカをして、世界に満ちあふれる暴力や闘争、対立、エゴイズムやナルシシズムを無効化していく、道徳的主体たらしめているのである。

国民国家へのまなざし――『紅の豚』と『ハウルの動く城』

これまで語ってきたようなナウシカの生存様式は、宮崎によって造形された多くの人々（豚も含まれるのでやや微妙だが）に引き継がれている。『紅の豚』の主人公であるマルコ、『ハウルの動く城』の主人公、ハウル、『もののけ姫』の主人公、アシタカなどがそれにあたるだろう。ここではマルコとハウルについて少し言及しておく。

まず『紅の豚』である。この作品は一九九二年七月に劇場公開された。物語の舞台は一九二〇年代末のイタリア、アドリア海周辺である。第一次世界大戦後の不況で職を失った飛行艇乗りたちは、「空賊」となってアドリア海を往来する観光船を襲い、金品を得ていた。

第一次世界大戦中、イタリア軍のエース・パイロットとして名を馳せたマルコ・パゴットは、自らに魔法をかけ豚になり、「ポルコ・ロッソ」と名乗って、空賊退治の賞金稼ぎとなっていた。この物語は、空賊連合がアメリカ人パイロット、ドナルド・カーチスを用心棒として雇うところから始まる。空賊たちは、マルコの名声に致命的な傷を負わせることで、アドリア海から追い出そうと考えたのだ。二人の一騎打ちはカーチスの勝利に終わるが、マルコは飛行機を修理してふたたびアドリア海に姿を現す。カーチスはマルコの飛行機の修理代を賭け、マルコは飛行機の修理工場の娘、フィオを賭けて、再度、空中戦を行うが、結局、決着がつかず、最後は殴り合いを始めてしまう、という物語である。

一見、いわゆる「ドタバタ」と言われるような物語展開が採用されているようにも見えるが、細かく見ていくと、随所に、これまで論じてきたような宮崎らしさがちりばめられていることに気づく。

そもそもなぜマルコは自らに魔法をかけ、豚にならなければならなかったのか。それはおそらく、第一次世界大戦のエース・パイロットであった彼が、さまざまな戦闘に参加する中で精神的に深く傷つき、二度と人殺しをしない、戦争に巻き込まれたくないと、決心したからである（このような心傷のありようは、ナウシカと同じである）。物語の中で、マルコは空賊団のひとつ、マンマユート団のボスの口を通じて、「ブタは殺しはやらねえんだ」と紹介されている。

また、作中にはフィオに向かってマルコが自分の戦争体験を語るエピソードが紹介されている。戦争の最後の夏、パトロールのため飛行していたマルコたちは、オーストリア空軍の飛行機に遭遇する。一緒に飛んでいた親友ベルリーニは、幼友たちのジーナと結婚したばかりだった。空中戦になり敵も味方もハエのように撃墜されていき、疲れ切ったマルコは、雲の平原を飛んでいた。上を見上げると、空中戦で命を落とした死者たちが搭乗する飛行機たちが天上（マルコは、地獄かも知れないとも言っているが）に向かっていた。その飛行機の葬列に、ベルリーニの乗った飛行機も加わろうとする。その様子に気づき、「ベルリーニいくな、ジーナをどうする気だ、おれがかわりにいく」と叫んだところで、マルコは目醒め、海面すれすれを飛行していた、というエピソードである。この戦争でマルコは、親友を失い、夫と死別したジーナと哀しみを共有することになる。おそらくその哀しみや孤独、生き残ってしまった自責の念から、マルコは戦争、そして性懲りもなく戦争を引き起こす人間に対する絶望や嫌悪感を抱いている。だから、人間であることを拒否しようと豚へと変身したのである。

また物語の舞台となっている一九二〇年代のイタリアは、ファシズムの台頭期にあたっている。イタリアは第一次世界大戦の戦勝国であったが、資源が乏しく、経済基盤が弱かったので、戦後莫大な債務を負って財政危機におちいってしまった。また産業も不振におちいり、失業者が増大し、食料その他の生活必需品が不足して激しいインフレーションにみまわれることになった。このようなイタリアの世相は作品のいたるところに挿入されている。たとえば、マルコはアドリア海上空を飛行しながら、「海も陸も見かけはいいがな、この辺りはスッカラカンなのさ」と、フィオに説明している。また、マルコが飛行機の修理を依頼したミラノのピッコロ社も、不況の中、倒産の危機に直面し、男たちはみな出稼ぎに出ている状態だった。

作品の歴史的背景を語るならば、ファシズムはこのような経済不況を母胎として成立した。ムッソリーニ率いるファシスト党は、激化する労働運動を暴力で鎮圧、さらに共産主義の進出を恐れる資本家・地主・軍部などの支持を受けて勢力を拡大し、一九二二年、政権を奪取、二六年にはファシスト党以外の政党をすべて解散に追い込み、イタリアにおいてファシズム体制が完成した。そこでは、国家または民族の発展を最高の目的とされ、以後イタリアはローマ帝国の復興をめざして、戦争も辞さない対外拡大路線を突き進むことになる。

物語の前半、マルコが飛行艇のローンを銀行に振り込みにいく場面では、銀行員に「ヒコーテーのローンはおわりました、いかがでしょう、愛国国債券などをおもとめになって民族に貢献されては」と勧められている。しかし、マルコは「そういうことは人間同士でやりな」とにべもなく断る。また、ミラノ滞在中のマルコがファシストの秘密警察に命を狙われるエピソードも作品には描かれている。第一次世界大戦時代の戦友、フェリーニにイタリア空軍に戻ることで当局の追跡をかわすことを勧められるのだが、マルコは「ファシストになるより、ブタの方がましさ」と言って拒否する。戦争の心傷の中に生きるマルコは、戦争を引き起こす国家、そして国家という暴力装置を繰り返し復活させる人間に対する嫌悪と不信、絶望を抱いている。だから、けっして協力しようとはしない。宮崎は『紅の豚』について、『豚』は簡単には変節しないぞっていう映画でね」と、語っている（『風の帰る場所』ロッキング・オン　二〇〇二・七）。物語の中でマルコが「ブタに国も法律もねえよ」と言っているように、豚であることとは、変節しないこと、すなわち、ファシズムという広場に集う群れに加わることを拒否する生き方、孤独であることを積極的に選択する生き方を象徴している。そして、そのような生きざまは、暴力への嫌悪に裏づけられる形で、マルコの内部ではその正しさが確信されている。

次に『ハウルの動く城』の主人公、魔法使いのハウルについて見ていくことにしよう。

この作品は二〇〇四年一一月に劇場公開されている。

舞台は一九世紀後半から二〇世紀初頭にかけてのヨーロッパのとある町、主人公は亡父の営んでいた帽子屋を継いだソフィーという一八歳の少女である。妹のレティーに会いに行く途上で、魔法使いのハウルに出会ったその日の晩、ソフィーは突然店にやってきた荒地の魔女に呪いをかけられ九〇歳の老婆に姿を変えられてしまう。

店にとどまることができなくなったソフィーは、そこを飛び出し、荒地をさまよっていたところ、ハウルの動く城に遭遇する。そして、掃除婦として強引に住み込んでしまうのだが、その頃、ハウルのもとには国王から召集令状が届いていた。国あげての戦争に魔法使いも動員されたからである。

ハウルはソフィーに対して、自分の母親になりすまして王宮を訪ね、招集辞退の意志を伝えてほしい、と頼む。ハウル自身も国王に変身して王宮に入り込むが、結局、魔法の師匠であるサリマンに見破られてしまう。ソフィーへの愛を意識しはじめたハウルは、今まで逃げ続けてきた自分だが、ソフィーを守るために戦うと告げ、巨大な鳥の怪物に変身して、敵味方関係なく戦いを挑んでいく。一方、ソフィーはハウルに戦いをやめさせるために、ハウルと悪魔のカルシファーが交わした契約を反古にさせるべく、カルシファー（この悪魔はハウルの心臓と一体化している）をハウルの身体に戻す、というあらすじである。

この作品には原作がある。ダイアナ・ウィン・ジョーンズの『魔法使いハウルと火の悪魔』（西村醇子訳　徳間書店　一九九七・五）がそれである。ただし、両者を比べてみると、時代設定、人物設定、ストーリーの展開などなど、さまざまな領域で、宮崎が大きな変更を加えていることがわかる。

たとえば、原作において、ハウルは移り気な恋愛中毒者のような人物として設定されている。原作ではソフィーの妹、レティーに思いを募らせるハウルが、「これほど夢中なのに、僕の求愛を無視して、ほかの奴《やつ》に心を動かすなんて。あんなに愛情を示したのに、どうしてほかの奴なんかにかまうのさ」（西村醇子訳）、と愚痴をこぼしている。しかも、カルシファーの説明によれば、ハウルは女の子に興味を持つと、彼女が自分に恋心を抱くまでは気が休まらず、そのくせ、相手が自分に対して恋心を抱いた途端、興味を失うという困った性格の持ち主なのである。映画の冒頭でハウルがきれいな女の子の心臓を食べると町で噂されていることが語られているが、原作を読むと、その噂もハウルが女性にまつわるトラブルを起こさないようにするために、マイケル（ハウルの弟子の魔法使い、映画ではマルクルと名前が変更されている）がわざとながしたデマであったことが明かされている。

また、荒地の魔女とハウルの関係についても、原作では一時、恋愛関係にあったことになっている。原作では、ソフィーの「つまり荒地の魔女《まじょ》とつきあってたけど、ふったって言うのかい？」という問いかけに対して、ハウルは「そうは言ってほしくないな。しばらくのあいだあの人に好意を抱《いだ》いていたのは認めるね」（西村醇子訳）と答えている。

それはともかく、原作と映画のもっとも本質的な違いは、原作ではハウルが王国の戦争に協力しているのに対して、映画版では協力を拒否しているところにある。原作では、国王とその弟、ジャスティンが喧嘩をし、弟が姿をくらましたので、国王がハウルに弟を捜し出すよう命令している。対立する敵国が今にも宣戦布告をしようとしている情勢にあって、優れた将軍であった弟ジャスティンの不在は、戦争遂行にあたって支障をきたすからである。臆病者のハウルはその王命から逃げだそうとしながらも、最終的にはジャスティンを見つけだすことに成功している。つまり、原作においてハウルは王国が今から行おうとしている戦争に対して間接的に協力しているわけである（だから当然、映画版のように鳥のような怪物に変身することもない）。

ところが、映画版『ハウルの動く城』の場合は、まったく反対で、ハウルは戦争そのものに敵意を抱いている。ハウルはハウルという名前とは別に、ジェンキンスとペンドラゴン、ふたつの名前を持っているが、それも国家や社会に束縛されずに自由に生きるためである。が、ジェンキンスのもとには市長が訪れ、「国王陛下からの招請状です、いよいよ戦争ですぞ、魔法使いもまじない師も魔女ですらみな国家に協力せよとのおぼしめしです、かならず出頭するように」と告げる。そして、もうひとつの名であるペンドラゴンのもとにも使者が訪れ、「国王陛下の招請状をお持ちいたしました。ペンドラゴン氏にはかならず宮殿へ参上されるようお伝え願いたい」と戦争協力の依頼が舞い込むのである。

しかし、ハウルはけっして戦争に協力しようとはしない。戦争が始まり空襲で焼け野原になった町の様子を見たハウルは、カルシファーと次のような会話を交わしている。

（ハウル）　「ひどい戦争だ。南の海から北の国境まで火の海だった」

（カルシファー）「オイラ火薬の火は嫌いだよ。やつらには礼儀ってものがないからね」

（ハウル）　「同業者におそわれたよ」
（カルシファー）「荒地の魔女か？」
（ハウル）　「いや、三下だが怪物に変身していた」
（カルシファー）「そいつらあとで泣くことになるな、まず人間にはもどれないよ」
（ハウル）　「平気だろう、泣くことも忘れるさ」
（カルシファー）「ハウルも国王に呼び出されてるんだろう」
（ハウル）　「まあね」

この会話からも、ハウルが戦争そのものの悲惨さ、そして、戦争がもたらす精神的荒廃を知り抜いているがゆえに、国王への協力を拒んでいることがわかるだろう。

戦争に協力した同業者、つまり魔法使いは怪鳥のような化け物に姿を変え、泣くことすら忘れていく、そうハウルは言う。戦争の悲惨さや悲劇性を感受することもなくなり、感覚が麻痺していくような精神的荒廃が、戦争に巻き込まれていく人間の行く末として暗示されている。また、ハウルが大切に思ってる花園をソフィーと訪れた際、空飛ぶ軍艦を目撃するエピソードが、物語には挿入されている。「てき？　みかた？」とソフィーが尋ねると、ハウルは「どちらでも同じことさ」と言って、その軍艦を魔法で航行不能にしてしまう。ハウルにとっては、戦争そのものが敵なのである。その軍艦にはサリマンの手下が乗っていた。つまり、その軍艦はハウルを招請した国王の軍に属する軍艦だったわけである。

そして、物語の後半、ソフィーたちが住む町が空襲され、さらに王国の側にあるサリマンの手下がソフィーたちを襲う場面で、ハウルは、ある決心をすることになる。

（ハウル）「次の空襲がくる、カルシファーもバクダンはふせげない」
（ソフィー）「逃げましょう、戦ってはだめ」
（ハウル）「なぜ……？　ぼくはもう充分逃げた、ようやく守らなければならない者ができたんだ……きみだ」

このセリフから、ハウルにとって唯一信じることができたものが、ソフィーとの絆であったこと、だから、国家との絆、言い換えるならば、国王を中心とする社会秩序、国家秩序の中に位置づけられるような〈私〉は、ハウルにとってフィクションにすぎず、なんの価値も認められなかったことがわかる。ハウルは「どこで戦争が起こっていようが、自分たちには関係ない、できるだけ巻き込まれないようにしよう」と考える主人公であり、この作品は「アナーキーな映画だ」と宮崎が語ったと、演出助手を勤めた鳥羽洋典は述べている（『ロマンアルバム ハウルの動く城』徳間書店 二〇〇四・一二）。たしかに、ハウルはナウシカと同じ意味においてアナーキーな人物である。国家という人工物への忠誠心ではなく、ソフィーへの愛という内発的感情に根を持つ限りにおいて、ハウルには、その共同体は真実でありえている。だから、ハウルにとって、国家のための戦いは暴力だが、ソフィー＝家族のための戦いは暴力ではないのだ。国家という広場にあっては孤独であっても、具体的な誰かと内面でつながっていれば、すでに孤独ではない。この点において、ハウルの人物像はマルコと同じくナウシカの系譜に位置しながら、マルコよりも一層、ナウシカに近い。マルコは孤独であることを積極的に選び、戦争や暴力を拒否しようとはしているものの、世界や社会から関心を引き上げている。それが良いの悪いのと言うつもりはないが、そのようなマルコのハードボイルド風の生き方はナウシカやハウルの生き方とは確かに違う。ふたりは暴力を拒否するだけでなく、腐臭に満ちた世界を少しでも希望あふれるものにしようと立ち向かおうとしているからである。一方、マルコは、フィオとの心の交流を通じてもう一度、人間を信じてみようという気持を取り戻したかに見えながら、最終的にはマダム・ジーナにフィオを預け、行方をくらましてしまう。三者は、広場の孤独を生きる生存様式を共有しているが、この点において、マルコは、ナウシカ、ハウルとはあきらかに異なる生き方を選択している。

ハウルに関してはここでひと言、さらに説明を加えておきたいことがある。それは『ハウルの動く城』のみを見る限り、宮崎駿は絶対平和主義者とは言い切れない、ということだ。宮崎は圧政に向かって立ち上がる人民戦線を美しい人間の風景として眺めている、と語っていた。ここが微妙なところなのだが、宮崎が退けようとしているのは暴力そのものではなく、欲望、あるいはエゴやそれと連結したような近代文明を母胎とする暴力なのだ。それに対抗するために人民が反旗を翻す行為は、たとえば、ソフィーを守るためにハウルが戦いに参加する姿は、宮崎にとって美しい人間の風景ですらある。それは「暴力」ではない。ただ、その範囲を一歩超えた時、自由へのあこがれは単なる醜悪な憎悪と暴力に化してしまうだろう。この物語で宮崎が退けようとしているのは、暴力そのものというよりは、エゴや欲望、支配欲、さらに言えば共同体が内包する拡大衝動、資本の自己増殖運動を母胎とする暴力である。人間の無意識や本能に共生の可能性を見ようとしている宮崎は、それと敵対し、抑圧するような社会や国家、経済のありように対するハウルの敵意までは否定しようとはしない。

また、『ハウルの動く城』に関して、原作との違いについて、もうひとつ、付け加えておきたいことがある。それは時代設定の問題である。映画版『ハウルの動く城』の場合、舞台となっているのは、一九世紀後半から二〇世紀初頭にかけてのヨーロッパであり、しかも戦争の真の当事者として近代の国民国家が設定されている。この点は特筆すべき特徴である。この設定によって、『ハウルの動く城』に込められた反戦のモティーフは、より先鋭化される形になっている。おそらくこれは宮崎の意識的な設定である。原作では、具体的な時代設定はなされていない。戦争に使う馬車が出てきたかと思えば、コピー機やコンピュータゲームも登場しているから、原作の時代設定は不詳、厳密には定められてはいない、と見るべきだろう。一方、宮崎が作り上げた『ハウルの動く城』の世界は、明らかに産業革命以降の帝国主義の時代におけるヨーロッパがモデルになっている。蒸気機関を備えた機関車や自動車が多数、登場していることからもまちがいない。

ところで、近代以前の国家と近代の国民国家との決定的な違いは、近代国民国家の場合、「正当な物理的暴力の独占状態」にあった点にある。具体的に説明すれば、江戸時代、幕藩体制下の日本にあっては、将軍家だけでなく、各地方の領主もまた暴力を行使する権利を与えられていた。しかし、近代の国民国家にあっては、暴力を行使する権利は国家のみであり、それ以外の暴力（たとえば、ある村が別の村に対して行使する暴力や、ある市町村がその構成員に対して行使する暴力など）はすべて非合法と見なされることになる。国民国家とは、暴力行使の独占を要求する集団と要求される人々との関係が共同体へと編成された時にはじめて成立する（萱野稔人『国家とはなにか』以文社　二〇〇五・六）。

物語の中でサリマンはソフィーに向かって「いま王国はいかがわしい魔法使いや魔女をのばなしにはできません、ハウルがここへ来て王国のために尽すなら悪魔と手をきる方法をおしえます、来ないなら力を奪いとります」と語っている。なぜ、王国は国家に協力しないハウルの存在を許すことができないのか。実はこのサリマンの言葉を裏支えしている論理こそが、国民国家のロジックなのだ。

戦争遂行という観点から見たとき、魔法も暴力も武器となりうる可能性を秘めている。近代の国民国家間の戦争にあっては、国家がすべての暴力を占有しており、戦争ともなれば、それぞれの国家が最後の血の一滴まで戦争遂行のために捧げられることになる。国民にとって国家はあらゆる価値の源泉であり、国家のために命を捧げることが究極の善として位置づけられることになる（前掲『国家とはなにか』）。「国民」になるということは、自らの存在自身を国家のための暴力と化すことを意味する。だから、国民国家間の戦争にあっては、兵士以外の一般市民ですら、「国民」となった時点で、すでに自国にとっては「味方」であり敵国にとっては「敵」以外ではありえない。国民である以上、直接的か間接的かの違いこそあれ、最終的には国家による暴力の行使＝戦争遂行の手段とならざるをえないからである。物語の中では王国が敵国の空襲によって焼け野原となるシーンが繰り返し登場している。時代設定は一九世紀後半か二〇世紀初頭だから、飛行技術の進歩の具合から言って実際にはそのようなことはありえないのだが、問題はそこにあるのではない。この場面を通じて宮崎が伝えようとしているのは、近代文明が生み出した国民国家という共同体が不可避的に抱える暴力のあり方そのものである。国民国家間で行使される暴力＝戦争にあっては、国土も国民もすべて戦争遂行のための手段として利用される以上、敵側から見れば攻撃の対象とならざるをえない。そこでは戦場と非戦闘領域、兵士と一般市民の区別なく、破壊と殺戮の対象にされることになる。

ハウルは「国民」であること、つまり、自らの魔法を国民国家による戦争遂行のための手段として動員されることを、明らかに拒否しようとしている。サリマン＝国家意志の側から見れば、それは暴力の「私有」を意味しており、だからこそ国家による暴力の占有という国民国家のロジックを貫くために、「いま王国はいかがわしい魔法使いや魔女をのばなしにはできません」と語り、ハウルに戦争への協力、広場の群衆に加わることを強制するのである。

最後に、本章を結ぶにあたって、この物語にうかがわれる堀田善衛の影響について、もう一点、書き記しておきたいことがある。

宮崎駿は筑紫哲也との対談において次のように語っている。

これは堀田善衛さんの影響なんですけどね、バブルの途中のときも、若いスタッフに、僕はこう言った。「いま僕らは平安末期の築地塀の中にいるようなもんで、どんどん世間が乱れてきて、築地塀があちこちほころんできて、いつの間にか築地塀の外は死屍累々。その中で歌なんか詠んでるうちに、築地塀も壊れて夜盗が入ってきて、と思ったら夜盗だけじゃなくて、舎人《とねり》までなにか持ち逃げしたり、いろいろなことが起こってくる。まだ日本というのは世界の全体の中では築地塀の中に入ってるようなもんで、そこで栄華を誇ってるけど、こういう状況はすぐ来るぞ」なんて話してたんですね。この前、同じスタッフと「築地塀はとうとう破れましたね」「破れたね」なんて話してたら、「いざ破れてみるとどうしていいかわかんないもんですね」「いやあ、全く」という話になった。こんなこと当たってもちっとも嬉しくないですね。

（前掲「くにのゆくえ」）

築地塀の話は、堀田がＮＨＫ人間大学で放映された連続講義「時代と人間」で述べているエピソードである。ここで宮崎が興味を持っているのは、主観的な世界観と客観的な世界観の「ずれ」の問題であろう。築地塀の中で貴族たちは、この世を謳歌し、歌を詠んで雅な世界に浸り、消費と官能の快楽に耽っている。そして、その主観的な幸福こそが世界そのものであると誤解しているわけだが、客観的に見れば、その外部には、腐臭ただよう破滅と絶望に満ちあふれた世界が広がっている。そして、気がつかないうちに、主観的な世界は、その外部の世界によって浸食され破滅の危機にさらされ、最終的には主観という夢から覚め、絶望的な客観世界へと引きずりだされることになる。堀田にとって、時代の中に生きる人間を透視することとは、このような主観的世界と客観的世界のずれを、俯瞰的に眺めることを意味していた。このような歴史と人間の関係のあり方に、宮崎は深く関心を寄せているわけである。

ここから、『ハウルの動く城』に登場するドアの意味するものがわかってくる。ハウルの城のドアはよっつの出口へと通じている。ひとつ目は、「荒地」と呼ばれる町はずれの不毛の大地、ふたつ目は軍港でもある港町に位置するジェンキンスの家、みっつ目はキングスベリーにあるペンドラゴンの家、よっつ目は戦いの空である。ソフィーはふたつ目のドアから出て戦闘で大破した軍艦を目撃し、みっつ目のドアから出て王宮に行って国家の意志＝サリマンの言葉を突きつけられる。そして、ハウルはよっつ目のドアから戦いの空へと出かけていくことになる。ハウルの城にあるドアはハウルやソフィーを主観的世界の外部へとたえず連れ出す。そのドアから出た時に目にするものは、個人の日常的な生を脅かす残酷な歴史の姿なのである。そして、そのドアから出て行くことで、ハウルやソフィーは主観的世界（日常的生）と客観的世界（歴史）のずれの修正をせまられることになる。目玉焼きとベーコンで朝食を済ませた後、扉を開くとそこには死臭が充満する凄惨な戦争の傷跡が広がっているのだ。

『ハウルの動く城』と堀田善衛との関係性については、すでに叶精二によって、堀田の『方丈記私記』との関わりが指摘されている（『宮崎駿全書』フィルムアート社　二〇〇六・三）が、それに加えて、おそらく「動く城」の設定もまた、堀田が語った築地塀の話に着想をえている。ハウルの城の扉は、築地塀という主観的世界にあって、客観的世界に向かって開けられた風穴である。そして、主観的な世界観が文字通り主観にすぎないことに気づくことで、つまり歴史の非情な現実に直面することで、はじめて人は国家が国民に向かって内面化しようとする「大きな物語」が、フィクションであることに気づくことになるのだ。その気づきによって、はじめて人は広場に集まる群衆との距離を保つことができる、そう宮崎は考えているのである。

第二章　照葉樹林文化とアニミズム

――『もののけ姫』から『となりのトトロ』へ

『もののけ姫』と照葉樹林文化論

『もののけ姫』は一九九七年七月一二日、劇場公開された。宮崎作品の中でも記録的な興行収益を上げた作品であり、一九九七年一〇月三一日の『毎日新聞』では、興行収入が九六億五〇〇〇万円を突破し、邦画の配給収入記録を更新したという記事が掲載されている。

舞台は室町時代の東北地方。大和朝廷との戦いに破れた人々が隠れ住むエミシの村を、「タタリ神」と呼ばれる巨大な化け物が襲うところから物語は始まる。主人公の少年、アシタカは村の少女、カヤたちを、タタリ神から助けるため矢を放つが、その際、腕に呪いのあざを受けてしまう。タタリ神の正体は人間に鉛の弾を撃ち込まれた巨大な猪の神であった。その晩、村の老巫女がアシタカを占い、そのあざはやがて命を奪うであろうが、猪が撃たれた西の土地に行き、「くもりのない眼《マナコ》で物事を見定めるなら、あるいは呪いをたつ道が見つかるかもしれぬ」と告げる。その言葉を受け、アシタカはエミシの村を出て、西に向かうことになる。

旅の途中で偶然、命を助けたジコ坊という坊主姿の旅の者に鉛の弾のことを尋ねると、これより西、シシ神の森へ向かえと教えられる。シシ神の森に向かったアシタカは、そこで、エボシ御前と呼ばれる女に統率されたタタラ場の者たちと出会う。そして、シシ神をタタリ神にした鉛の弾が、砂鉄を採るためにシシ神の森を伐採するタタラ者に襲いかかった猪、ナゴの守に対して、エボシ御前が放ったものであったことを知る。しかし、エボシ御前は、身売りされた女たちやハンセン病の患者たちをタタラ場に連れてきては、仕事や日々の糧を与える慈愛に満ちた指導者でもあった。

アシタカがタタラ場を訪れたその晩、シシ神の森に住むモロと呼ばれる巨大な山犬に育てられた少女、サン（もののけ姫）が、タタラ場を襲う。エボシ御前の命を奪おうとして失敗したサンは、タタラ場の者たちに囲まれ逃げ場を失うが、アシタカはサンを助け、タタラ場の外に連れ出す。しかし、その際、鉛の弾が胸を貫き、アシタカは瀕死の重傷を負ってしまう。サンは森深く、シシ神（シシ神は、昼は獣の姿をしているが、夜になると「ディダラボッチ」と呼ばれる巨人のような神になる）の棲む池のほとりにアシタカを連れて行き、その力でアシタカの命を救う。

その頃、タタリ神になった猪、ナゴの守の仲間である猪たちが、シシ神の森を人間たちから取り戻すため森に集まりつつあった。そして、タタラ衆や唐傘連にむかって突進をはじめる。唐傘連とはジコ坊に率いられた僧形の集団で、朝廷の命により不老不死の効能があると信じられたシシ神の首を手に入れ持ち帰ろうとしていた。

エボシ御前とジコ坊らは、シシ神の森の奥深くに入り込み、ついにシシ神の首を手に入れることに成功するが、シシ神は巨大なディダラボッチに姿を変え、首を求めてジコ坊らに襲いかかった。アシタカとサンはシシ神に首を返そうとジコ坊らを追い、ついに首を取り戻してシシ神に返すことに成功する。ラストの場面で、森に帰ろうとするサンに向かって、アシタカが「サンはもりで、わたしはタタラ場でくらそう」「共に生きよう」と語り、物語は終わる。

鈴木敏夫は、ジブリを立ち上げる前、徳間書店の編集者として宮崎に取材していた頃を回想して、「宮さんは岩波新書の中尾佐助『栽培植物と農耕の起源』の話ばかりしていたことがあります。宮さんに「鈴木さん、これ、読んだ?」と聞かれて、「いや、それは読んでない」といったら、いきなり「無知ですね」。ちなみに、この本はのちに『もののけ姫』の発想につながります」と語っている（前掲『仕事道楽　スタジオジブリの現場』）。ジブリのプロデューサーが『もののけ姫』の舞台裏を明かしたこの言葉は、戦後、上山春平らとともに照葉樹林文化論を展開した農学者、中尾佐助の研究なり思想が、『もののけ姫』のバックボーンを形成していることを伝えている。

実際、宮崎自身も次のように語っている。

中尾佐助さんの「照葉樹林文化複合」という見方に出会って以来、その衝撃が僕の中で尾を引いていまして。昔、日本の本州の西半分は、照葉樹の森に覆われていたわけですが、一体、その森がいつどういうかたちで消えちゃったのか。それがずうっと気になっていたものですから。そのへんもまったく当てずっぽうに、たぶん室町期までに消えたんだろうとか、その過程で人間社会のことが中心になったから鎌倉仏教が生まれたんだろうとか、妄想に妄想を重ねて、舞台を「室町期」ということに据えたわけなんです。

（「『もののけ姫』と中世の魅力　網野善彦氏との対談」『潮』一九九七・九）

古来より日本列島を覆っていた照葉樹林の森が、室町時代あたりに姿を消しはじめたのだろうという仮説のもとに、宮崎が中世の日本を舞台としていることが、ここからわかる。たしかに『もののけ姫』は、手つかずの豊かな森がタタラの者たちによって切り崩されつつあったという設定の上に、物語が展開している。また、この作品には、大量の水を含んだ豊かな森が画面の上に繰り返し登場している。たとえば、湖をはさんでタタラ場と森が向き合っている場面、絵コンテ２８６には、「濁流をはさんで対照的な両岸、やけただれた右側、左側はうっそうたる照葉樹林の原生林である」と字コンテが、同じく絵コンテ343には、「湖に面したまるで、悪質なオデキのようなタタラ場、山腹からも盛んにのぼる白煙、左はうっそうと照葉樹の原生林」と字コンテが付けられている。宮崎はあきらかに、この物語の主要な舞台であるタタラ場を、人間と自然、人間によって構築された文明とその外部との境界領域として設定しようとしている。そして、その外部、中世の頃失われてしまった（と宮崎が考える）太古の昔に形成された手つかずの自然こそが、照葉樹林の森であると、宮崎は考えているわけである。

そこでこの作品を考えていくにあたっては、まずは、作品のバックボーンを形成する中尾佐助の照葉樹林文化論とはどのようなものなのか、そのあらましを確認するところからはじめなければならない。

中尾佐助は一九一六年八月生まれ、一九五二年、日本山岳会のマナスル踏査隊に参加し、ネパール・ヒマラヤの植生や生態系を調査する中で、現地の人々の生活文化が日本との共通点が多いことを発見する。この発見が有名な「照葉樹林文化論」として結実することになった。

中尾の提唱する照葉樹林文化論は『栽培植物と農耕の起源』（岩波新書　一九六六・一）の他、上山春平編『照葉樹林文化──日本文化の深層』（中公新書　一九六九・一〇）、上山春平、佐々木高明、中尾佐助『続照葉樹林文化――東アジア文化の源流』（中公新書　一九七六・七）、中尾佐助『現代文明ふたつの源流――照葉樹林文化・硬葉樹林文化』（朝日選書　一九七八・五）などに詳しく記されている。まずは、これらの書をもとに、照葉樹林文化論の概略を説明していくことにしよう。

中尾佐助は世界の農耕文化を、東南アジア起源のイモ類を主とする根栽農耕文化、アフリカおよびインドのサバンナ地帯起源の雑穀類を主とする夏作農耕としてのサバンナ農耕文化、西アジアから地中海沿岸にかけての冬雨地帯起源のムギ類を主とする地中海農耕文化、南北アメリカ起源の根栽農耕と夏作農耕を合わせた新大陸農耕文化という四つの概念に分類している。照葉樹林文化とは、この内、熱帯に成立した根栽農耕文化の変形、温暖適応型として理解されている。南方の根栽農耕文化の影響を受けつつ、クズ、ワラビなどを利用し、サトイモやナガイモを栽培化すると同時に、西方から伝播してきた高度な農耕技術を吸収して、ミレット（雑穀）、オカボ、ソバ、マメ類を栽培化したのが、照葉樹林文化である。

『栽培植物と農耕の起源』で中尾は、「照葉樹林文化の成立したのは西はヒマラヤ南面の中腹から、シナ南部、日本本州南半部にわたる地域で、そこは大部分が山岳地帯で、広大な大平野はほとんどないといってもよい地帯である」と論じている。また、その終焉については、「鉄器時代に入るころには照葉樹林文化の独立性は死滅してしまった」と指摘している。

上山春平によれば、以上のような中尾の立論を前提とする場合、照葉樹林文化は鉄器時代に入る頃、つまり水田耕作が急速に広まった弥生時代に消滅してしまったことになり、ということは、縄文時代、あるいは縄文文化こそが照葉樹林文化の日本型の典型だった、ということになる（前掲『照葉樹林文化——日本文化の深層』）。ちなみに照葉樹林とは常緑の広葉樹林のことであり、主に常緑のブナ科の植物を指す。ブナ科というのはドングリのなる植物、ブナ、ナラ、クヌギ、カシ、シイなどがあるが、ブナやナラは落葉のブナ科で主に冷温帯に分布し、カシやシイは常緑で暖温帯に分布している。照葉樹林とは主に後者を指す。また、これら以外にも、カシやクスノキ、ツバキ、モチノキ、サザンカなども照葉樹に分類されている。

ところで、中尾佐助とともにもう一人、宮崎に影響を与えた考古学者がいる。藤森栄一である。

もう亡くなってるけど考古学者の藤森栄一、この人、ぼく好きなんです。それと中尾佐助。この二人でなんとなくぼくの読書傾向、規定しちゃった感じ。

藤森栄一は『かもしかみち』で、考古学がつまりは一篇の美しい叙情詩であること、それが生活であり文化であり歴史であること、大切なのは土器でも石器でもなく物を感覚し感知する力であることだと言ってる。

（「日本人がいちばん幸せだったのは縄文時代」『平凡パンチ』一九八四・七）

中尾佐助の『栽培植物と農耕の起源』は、はじめて〝照葉樹林〟という言葉を生み出した本ですが、同時に藤森栄一の唱えた縄文中期に農耕があったという説も実証してる。これ読んだとき、うれしかったですねェ。藤森栄一がもうちょっと生きてたら、と思いました。この二人、ぼくにとって非常に大きかった。

（同右）

宮崎の理解にしたがえば、中尾と藤森の学説はきわめて近い、ということになるわけだが、たしかに縄文中頃に農耕という形で日本文化の原型が形成されたという点で、両者の見解は一致している。宮崎に言わせれば、それをインスピレーションをまじえて語ったのが藤森であり、学として実証したのが中尾であった、ということになる。

さて、その藤森が記した『かもしかみち』（葦牙書房　一九四六）であるが、宮崎が言う照葉樹林文化論との接点は、同書の内の「一四　日本原始陸耕の諸問題――日本中期縄文時代の一生産形態について」に確認することができる。

ここで藤森は、中期縄文文化期の石皿や石臼、石棒などの石器に関心を寄せている。藤森によれば、石臼や石皿はかならずしも縄文中期から登場しているわけではなく、前期縄文文化においてもすでに使用されている。しかし、整った定型を持ってくるのは中期からのことであり、そして、その形状からして、木の実やイモ類、雑穀を製粉し、パン状にこねるのに用いられたと藤森は推測している。また彼は、火切用の凹石にも注目している。凹石は日本の石器時代全期を通じて見出されるが、縄文中期の大遺跡の場合、遺跡に転がっている手ごろな石ころはすべて凹石となっている。この事実は、火の使用が縄文中期になって飛躍的に増大していることを暗示している。その他、この時期の土偶が一〇〇パーセント女性であり、しかも妊娠を思わせる像が少なくないことも考え合わせ、藤森は「中期縄文時代の一生産形態として、原始焼畑陸耕の行われていた」と論じている。そして宮崎にしたがえば、このような藤森の論を実証的に補完しているのが、鉄器文化が成立する以前に日本人はクズやミレット（雑穀）を栽培していたと指摘する、中尾佐助の照葉樹林文化論だったわけである。

宮崎が縄文文化や照葉樹林文化に関心を抱くようになった背景を考えた場合、幼少期の戦争体験、思春期の戦後体験の中で、彼がどのように自己形成を遂げていったか（あるいは挫折していったか）を考えなくてはならない。

幼少期は不明だが、四歳で終戦をむかえた宮崎は、ある時期（おそらく小学生の間）までは、戦場での英雄的活躍に憧れるような軍国少年だった。この点は一章でも言及しているとおりである。

ぼく自身、子供のころから、軍用機や軍艦、戦車のファンだった。戦争映画にワクワクし、絵を描きちらして成長した。（中略）そして、炎上し、沈没しつつある艦上で、最期まで砲を撃ちつづける男たちや、輪陣形の吐き出す閃光弾の雨の中へ突入していく男たちの勇ましさに、胸をおどらせていた。

その人たちが、本当は生きたいと願っていて、しかも、犬死にを強要されたのだと思い至ったのは、ずっと後になってのことである。（前掲「続発想からフィルムまで」②）

この文章で言う「ずっと後」がいつ頃かは不明だが（次に引用する宮崎の回想を読む限り、一八歳の宮崎はすでに、このようなヒロイズムを嫌悪している)、幼少期の宮崎が、軍艦や飛行機などの兵器マニアであり、命を賭して国家のために戦う英雄的な活躍に胸を躍らせる少年であったことがわかる。

転機となったのはいつ頃かは不明だが、社会、国家、人種の正統性を当たり前のことのように肯定し、アイデンティティを形成していた少年期の宮崎を襲ったのは、戦後民主主義の暴風だった。この点も一章ですでに触れた通りである。宮崎は「トトロは懐かしさから作った作品じゃないんです」(『ロマンアルバム となりのトトロ』徳間書店 一九八八・六)で、「実は学校で教えてくれた歴史とか、戦後の民主主義の、軍国主義に対する反動期のほとんど日本全否定の愚かで、無知な、四等国民だとか自分たちで言ったその中で育ったので、すごい閉塞感があったんです」と、回想している。アジア太平洋戦争は侵略戦争であり、日本民族は暴力をもって他国を侵略し、収奪し、凌辱した野蛮な民族である、という戦後民主主義の歴史認識が、少年期に形成された宮崎の幼い自我を根こそぎにし、徹底した自己否定と国家や社会の否定、虚無と絶望の世界へと連れ去ってしまった。

精神の運動体としての宮崎の内面世界は、おおむねこの時期にその原型が形成されたと言ってよい。以後、彼の思考は(おそらく今日でも)、自己肯定と自己否定、希望と絶望、祝福と怒りの振幅の中で、運動体として存在している。

宮崎がアニメーターを目指すきっかけとなったのも、このような彼の思春期の心象風景と無縁ではない。

日本最初の本格的長編色彩漫画映画「白蛇伝」が、公開されたのは一九五八年である。（中略）そのときのぼくには、「白蛇伝」との出会いは強烈な衝撃を残していった。（中略）口をつく不信の言葉と裏腹に、本心は、あの三文メロドラマの安っぽくても、ひたむきで純粋な世界に憧れている自分に気づかされてしまった。世界を肯定したくてたまらない自分がいるのをもう否定できなくなっていた。

それ以来、ぼくは真面目に何を作るべきか考えるようになったらしい。少なくとも、恥ずかしくても本心で作らねばダメだと、思うようになっていた。

（「日本のアニメーションについて」『講座　日本映画7　日本映画の現在』岩波書店　一九八八・一）

虚無とニヒリズムの中にあって、日本初のアニメーション作品『白蛇伝』に出会った衝撃が、彼がアニメーション作家を志すきっかけとなっている。その『白蛇伝』は一九五八年一〇月、劇場公開された作品であり、白蛇の化身である白娘《パイニャン》が、高僧法海に妨害されながらも、一途に許仙《シュウセン》を慕う恋物語である。宮崎がこの物語を見るまで、虚無の中にあった思春期の宮崎の内面風景は自己も社会もこの国もこの民族も醜悪以外のなにものでもないといった否定の感覚に支配されていた。しかし、この作品を見た宮崎は、そうでありながら、あるいはそうであるからこそ、ひたむきで純粋な世界に憧れる自分を発見することになる。肯定感をもって自己と世界を眺めたいという衝動が自分の中に潜在していたことに気づいたのである。

付け加えるならば、「生きろ。」(『もののけ姫』)や「生まれてきてよかった。」(『崖の上のポニョ』)など、宮崎作品には、生をストレートに肯定するキャッチ・コピーがいくつかあるのも、ここにその理由がある。一見平明で、見ようによっては幼稚で平板にも見える、これらのメッセージは、生を肯定することの困難さや大切さを嫌というほど味わい、知り抜いている宮崎の心象風景を背景として成立している、と、見なければならない。

そして、宮崎における照葉樹林文化、あるいは、縄文文化への傾斜もまた、このような心象風景と表裏の関係にある。

中尾佐助という人が言った〝照葉樹林文化〟って言葉を知ってますか?（中略）ぼくが三十歳ぐらいのとき、中尾さんという人が初めて言った言葉なんです。その文章を読んで大変ショックを受けたんですよ。

ふっくらしてる米が好きな民族っていうのは、世界でも少ないんです。日本と雲南、ネパールぐらいなんです。それに納豆が好きだったりね。そういう民族っていうのは、実はこの日本国ができる前から、日本民族というのが成立する前から、もっと古くからそういう文化圏の人間だったんです、日本人というのは。（中略）日本列島の中に閉じこめられててね、もう決まりきった源氏とか豊臣秀吉が出てきたりするああいう下らない歴史しかないと思っていた国が、実はもっと壮大な、国とかを越えて、民族も越えて、世界とつながっているということがわかったときに、実にせいせいしたんです。〝照葉樹林文化〟というのは、そのことについて書いた文章だったんです。

その後、日本人はいろいろ間違いも犯したかもしれないけど、それがすべてじゃなくて、縄文時代の奔放な土器とか、ああいう物を作った人たちも含めて、なにか突然、気が晴れたんです。それで、日本の歴史とか、現在の自分たちのあり方とか、戦争中の愚かなこととかいろいろなことを含めて、ひとつの歴史として前よりも、もっと自由に見られるようになったんです。　（前掲「トトロは懐かしさから作った作品じゃないんです」）

いささか長い引用になってしまったが、この宮崎の言葉を要約すれば、照葉樹林文化論への開眼をきっかけとして、宮崎は戦後民主主義を母胎として形成された歴史認識から自由になった、自己の存在理由を肯定的に再構築することが可能になった、ということになるだろう。言い換えるならば、この学説に出会ったことをきっかけにして、「日本人」という枠組みを取り払った形で自己存在をアイデンティファイすることが可能になったと、言ってもよいかもしれない。同様のことを宮崎は、「呪縛からの解放──『栽培植物と農耕の起源』」（『世界』臨時増刊一九八八・六）でも、『栽培植物と農耕の起源』を「読み進むうちに、ぼくは自分の目が遥かな高みに引き上げられるのを感じた。風が吹きぬけていく。国家の枠も、民族の壁も、歴史の重苦しさも足下に遠ざかり、照葉樹林の森の生命のいぶきが、モチや納豆のネバネバ好きの自分に流れ込んでくる」、「ぼくに、ものの見方の出発点をこの本は与えてくれた。歴史についても、国土についても、国家についても、以前よりずっとわかるようになった」と語っている。国民国家の歴史を歴史そのものとして認めてしまった場合、言い換えるならば、戦後民主主義を立脚点として日本の近代を眺めた場合、現在に生きる〈私〉は、この国が過去に犯した様々な過ちを負の十字架として背負う民族の構成員としての〈私〉であらざるをえない。当然ここからは、肯定されるべき〈私〉も社会も文化も出てきはしない。

宮崎が照葉樹林文化論から受けた衝撃とは、日本の歴史を国家や民族という枠組みから解き放つ道筋を見つけえたところにある。言い換えるならば、言語や慣習を共有するような共同体という単位で歴史を眺めるのでなく、自然＝植生に人間がどのように関わったか、つまり農耕の形態を単位として歴史を眺めるような中尾の視座に、宮崎は衝撃を受けたのだ。この立場に立つ限り、「私」という存在は日本人ではなくなる。国家や民族という単位を越えて、ネパールや雲南の人々と同じく、もちもち、ねばねばした食感を好む照葉樹林文化の民として、自分をアイデンティファイすることが可能となる。その時、「私」は、日本国家や日本民族が背負う贖罪の歴史から自由になることができる。

言うまでもないことだが一応断っておくと、このようなアイデンティティのあり方は、日本が過去にアジアの人々に加えた罪から目をそらそうとしていることを意味しているわけではない。言い換えるならば、宮崎駿がご都合主義的な自画像だけを自分自身として認めるような欺瞞を犯していることを意味するものではない。繰り返しになるが、宮崎の内面は振幅として、運動体としてある。アジア太平洋戦争における負の十字架を背負いつつ（だから一章で詳しく論じたように宮崎は「広場の孤独」に向かって投企しようとするのだ)、同時に、あるいはだからこそ、国民または臣民、人種としての〈私〉を否定した地点で、別の形で自己存在の根拠を構築しようとしているのである。両者はむしろ表裏の関係にある。東京裁判史観の外部で〈私〉の存在根拠を見つけようとしているからと言って、宮崎が「右」であると言うことはできない。

また、宮崎が植物や自然に対して深い関心を持ち、かつ、その破壊が進行する世界の現状に対して深く憂慮しているのも、この問題と無関係ではない。宮崎にとって森や自然は、たんなる生存の手段ではない。私、あるいは私たちの存在を根拠づける母胎《マトリックス》なのである。「日本人の心の中にある自然に対する非常に大切な部分、アイデンティティが崩壊しつつあるという危機感が一番強いですね」(「ベルリン国際映画祭　海外の記者が宮崎駿監督に問う、『もののけ姫』への四十四の質問」『ロマンアルバム　アニメージュスペシャル　宮崎駿と庵野秀明』徳間書店　一九九八・六)と、語るのはそれゆえである。また宮崎は、自分を照葉樹林文化の中に解放することができたことで、自分は「植物というのがどれほど大切で、風土の問題が自分たちにとって大事なものだ」とわかった、「その風土を壊してしまったら、ぼくにとっては最後の日本人への引っかかりがなくなっちゃうんです」(前掲「トトロは懐かしさから作った作品じゃないんです」)とも語っている。

風土や自然を視座とする歴史認識の獲得とそれを媒介としたアイデンティティの構築は、宮崎にとって唯一、自己否定や虚無、ニヒリズムの底なし沼に足をすくわれないで自己や世界を肯定していく手段であった。だからこそ、宮崎は、現在の日本が、あるいは日本人が、緑や自然をたんなる生存の手段として扱い、風土を破壊していく様に危機感を抱かないわけにはいかないのだ。人々が自然を破壊することは、照葉樹林文化という私たちの存在を根拠づける母胎を喪失することを意味する。それはすなわち、宮崎にとっては戦後民主主義によって提示された、野蛮で強欲な侵略主義者といった血塗られた自画像のみを自分自身、日本人自身として認めてしまうことを意味していたのである。

カインの末裔

照葉樹林文化、あるいは、縄文文化に、日本人であることの積極性を見ようとする宮崎の姿勢は、多くの作品にうかがうことができる。『もののけ姫』で言うならば、たとえば、アシタカの出自にそれを見ることができるだろう。

物語では、アシタカの一族が歴史の表舞台には登場することがないような幻の部族として設定されている。作品の冒頭近く、タタリ神から呪いをもらってしまったアシタカと村の長老たちが集まり、占いをする場面がある。占いをつかさどるヒイさまと呼ばれる老婆はアシタカに向かって「西の土地で何か不吉なことがおこっているのだよ。その地におもむきくもりのない眼《マナコ》で物事を見定めるなら、あるいは呪いをたつ道が見つかるかもしれぬ」と告げるのだが、その言葉を聞いた別の古老は、「大和《やまと》との戦さにやぶれ、この地にひそんでから五百ゆうよ年、いまや大和の王の力はなえ将軍共の牙も折れたときく。だが、わが一族の血もまたおとろえた。この時に一族の長となるべき若者が西へ旅立つのは定めかもしれぬ」とつぶやいている。

この言葉から、アシタカが生まれ育ったエミシの村がたどってきた経緯をおおむね知ることができる。作品の時代設定は室町時代だから、そこから五〇〇有余年前となると、八世紀から一〇世紀の間、西暦で言えば七〇〇年代から九〇〇年代の間くらいということになる（ちなみに、坂上田村麻呂の蝦夷討伐は、八世紀の最後半から九世紀初頭にあたる）。とにかく、そのエミシの村、つまりアイヌの人々につらなるような人々、さらに言えば、採集生活を中心に生活を営んでいた縄文文化の継承者であるプレ日本人、先住民族の部族は、大和朝廷との戦いに敗れ、追撃をのがれるために東北の山中奥深くに潜んでいた。それから五〇〇年以上経つが、いまだ、彼らは日本の歴史から姿を消したままである。そして、その一族の、おそらく長《おさ》となるべき血筋にあるのがアシタカなのである。

ほかにも、アシタカに向かってジコ坊が語った「そなたを見ていると古い書に伝わるいにしえの民をおもい出す、東のはてにアカシシにまたがり、石のヤジリをつかう勇壮なるエミシの一族ありとな」という言葉、エボシ御前に「そなたのくには？　見慣れぬシシに乗っていたな」と尋ねられる場面での「東と北の間より……それ以上はいえない」というアシタカの言葉も、私たちに手がかりを与えてくれる。すなわち、アシタカの一族は古い書に伝えられているだけで今やその存在は伝説と化している。大和朝廷樹立以降の日本の社会秩序の外部に彼らは位置しており、しかも、自分たち部族の存在が知られ、存立を脅かされる事態に陥ることを彼らは極度に警戒している。彼らは厳しい戒めとして外部との接触を避け、歴史の表舞台から去ったのである。おそらくその意志は部族の厳しい掟として継承されてきた。だから、アシタカは自分の出自をエボシに伝えようとしないのだ。

このようなアシタカらエミシの部族の設定もまた、中尾佐助『栽培植物と農耕の起源』、藤森栄一『かもしかみち』、上山春平編『照葉樹林文化――日本文化の深層』の内容と交錯している。中尾の『栽培植物と農耕の起源』には、「その地帯に生じた照葉樹林文化はきわめて山岳的な性格を持ち、本来の形態は山棲みの生活である」という文がある。弥生時代以降の水田耕作中心の文化が成立する以前の文化形態であるわけだから、森と共存していく採集活動が生活の中心となってくる、ということは、現在のイメージからすれば非農耕民、たとえば、水田耕作に適した平野でなく山中で生活する人々の生活文化にその遺伝子が受け継がれているはずだ、というのが中尾の推理である。

また、『かもしかみち』の第二章にあたる「山の先住民とその子たち」を読むと、宮崎が指摘しているように、中尾が論じる以前にすでに、藤森栄一の想像力もまた、同じルートをたどっていたことがわかる。時系列から言えば、むしろ藤森が中尾に影響を与えている、と言ってよさそうである。

一九三〇年の六月、藤森が八ヶ岳を縦走していた時に、標高二四〇〇メートル付近で黒曜石のヤジリを拾った。藤森が疑問に思ったのは、うっそうとした原生林の中、金属器を持たなかった彼らが、石で作った貧弱な道具を切り開いて、なぜこのような高所まで来なければならなかったのか、ということである。ここから藤森の推理がはじまる。彼によれば、定期的な農耕の手段も計画的な牧畜の術も知らなかった彼らは、食糧の貯蔵を行うこともできず、狩猟や野生植物の拾集が生活の中心にならざるをえなかった。しかし、採集生活に従事するということは、頻繁に集落の移動を繰り返し、新しい狩猟場の開拓に努めなければならない。しかし、当時はまだ日本列島の大部分は深い大森林の中にあり、移動は容易ではなく、したがって、彼らは森林限界を超えた不毛の大地となる高所を交通路として選ばざるをえなかった、というのである。

さらに藤森は、このような採集の民たちの行く末についても、推理を展開する。集落の膨張にともなって、彼らは深刻な食糧難に直面することになった。そしてそのころ、北九州のあたりに金属器を用い、水田耕作を食料調達の中心とする弥生式文化が誕生する。食料調達に行き詰まりつつあった先住民の困難を解決する形で、弥生文化は爆発的な伝播力を発揮し、先住民やその文化は駆逐され、農業による定住的な生活文化を共有する弥生文化の構成員たちが、この列島に強力な文化圏と支配体制を確立していった。これが藤森が推理した先住民たちの行く末であった。

宮崎はそんな先住民たちの文化、すなわち縄文文化について次のように語っている。

日本の歴史の中で人びとが一番安定しておだやかに生きていられたのはどうも縄文時代じゃないか。たとえば奈良朝時代の庶民の家なんか掘りあてたって何にも出てきやしませんよ。どうみたって縄文中期の遺跡のほうがはるかに豊かです。

そりゃ山火事で死んだり狩りのケガや病気で苦しんだりはしたかもしれない。でも、政府もなく国家もなく、あれだけ豊富な石器類の中から武器なんか出てこないとこみれば、戦争だってなかったんだ。マガマガしい大きいミイラとか、腕にはめたら絶対痛くなる腕輪とか、そんなもの――ようするに恐ろしい呪術めいた宗教も出てこない。もっとこう、素朴なアニミズムだったろう。その先と後の時代に比べれば、きわめて平和で豊かな人間の個性のツブも大きかった、そう思いたいんです。

（前掲「日本人がいちばん幸せだったのは縄文時代」）

この文章に語られている縄文文化に対する憧憬は、宮崎の内部で照葉樹林文化へのあこがれと繋がっており、さらには、自己存在を肯定的にアイデンティファイしたいという祈りにも似た精神的な苦痛と飢餓感とも通底している。

そして、もはや明らかだとは思うが、これまで論じてきたような藤森の縄文文化論は、あきらかにアシタカらエミシ一族の設定とも交錯している。藤森の説によれば、黒曜石のヤジリを使うのが先住民、金属器を使うのが弥生人であり、石器か金属器かが、両者を分かつ重要な要素のひとつとなっている。一方、物語では、ジコ坊の口を通じて、「石のヤジリをつかう勇壮なるエミシの一族」と語られているところからも、アシタカらが、弥生文化が伝播する以前の先住民たちの末裔であったことがわかるだろう。彼らが大和との戦いに敗れて山に隠れ住むという設定も、金属器と水田農耕を中心とする弥生文化の伝播によって日本列島に強力な支配体制が成立し、先住民たちの文化は衰滅していったという末路と対応している。

また、石と言えば、作品冒頭近くで、村の娘カヤが、西に向かおうとしているアシタカに、「どうかこれを私のかわりにお伴させてください」「お守りするよう息を吹きこめました。いつもいつもカヤは兄さまを思っています」と言いながら、小刀を渡す場面がある。作品を見ただけではわからないのだが、絵コンテを見ると、この小刀が、黒曜石でできていることが記されている。

藤森は先住民の文化と黒曜石が特別な関係にあったことを『かもしかみち』で記している。黒曜石は火山の噴出岩となるべき岩漿が、急速に冷却凝固して生じるもので、ガラス質の貝殻状の断口を表に見せる。火山があれば黒曜石は産出されるわけで、量の多少はともかく日本のあちこちにあってもおかしくはない。藤森によれば、石器文化に属した先住民たちの岩石や鉱物についての知識は、現代人とは比べものにならないくらい豊富であったはずで、一個の石器を製作するにも、その岩石の適不適について深い注意が払われた。そのような先住民の石器文化の中で黒曜石のヤジリがつくられたわけで、物語に登場する黒曜石の小刀もまた、アシタカらが石器文化の中にあった先住民の末裔であることを暗示している。そして、鉄の生産に従事するエボシを頂点とするタタラ場の者たちは、石器にとってかわった金属器によってこの列島を席巻した弥生人の末裔なのである。

物語においてアシタカは、採集生活を生業とした民の末裔として設定されることで、自然と人間がいかに共生していくかという難問について、他の登場人物に比して一段秀でた視座や知識を持つ人物として描かれている。

シシ神の森で出会ったコダマと呼ばれる森の精を見た甲六がおびえる場面で、アシタカは「コダマ……？　ここにもコダマがいるのか」「すきにさせておけば悪さはしない。森がゆたかなしるしだ」と語っている。そして、「すまぬがそなた達の森を通らせてもらうぞ」とコダマに語りかけつつ、シシ神の森を通り抜けていくのである。

また、シシ神の森を守ろうとするサンと、森を切り崩すタタラ場の長、つまり自然と対立する人間の代表であるエボシ御前が戦う場面で、アシタカは両者の間に割って入っている。そして、タタリ神に呪われた自らの腕を示しながら「みんな見ろ、これが身の内にすくう憎しみと恨みの姿だ、肉をくさらせ死を呼びよせる呪いだ、これ以上憎しみに身をゆだねるな」と叫ぶのである。山犬のモロに向かって語る「モロ、もりと人が争わずにすむ道はないのか、本当にもうとめられないのか」というセリフに示されているように、この物語においてアシタカは徹頭徹尾、人間と自然の間に立とうとしている。その意味ではアシタカもまた「広場の孤独」を生きようとしている、と言ってもよい。人間の側に立って自然を脅かすことも否定し、自然の側に立って人間に対する憎しみに身を委ねることもない。アシタカはその間にあって両者が共生していく道を求め続けている。

アシタカがそのような移動的な主体であることは、彼が先住民族の末裔であることと密接に関係している。採集生活を生業とし、石器文化の中にあるアシタカらは、金属器を使う弥生文化の継承者と比べて相対的に自然の側にある存在、あるいは森に寄り添って生きる民なのであり、そのような先住民の資格において、アシタカは自然と人間の間に立って闘争を回避し、共生していく道を見つけ出そうとしているのである。

ここからアシタカとサンの近しさも説明できるだろう。「主人公の少年は、大和政権に亡ぼされ古代に姿を消したエミシの末裔であり、少女は類似を探すなら縄文期のある種の土偶に似ていなくもない」（『もののけ姫』企画書　一九九五・四）と宮崎自身語っているように、二人は敵対しながらも、その出自においてかなり近い場所に位置している。たとえば、タタラ場を襲う場面でのサンの姿がその証左となる。顔に塗った赤い模様、丸い穴を目と口に見立てる仮面、両耳につけられた大きく丸いイヤリングなどは、縄文期の土偶を連想させる。

さらに、これまでの分析からして、サンと縄文文化の近しさはそれだけにとどまるものではないことも強調しておかなくてはならない。藤森の学説にしたがえば、エミシも縄文人も日本列島の先住民族であったという意味では同じ人種であった。森に入った人間が山犬に食われるのを恐れてモロに投げて寄こした赤子がサンであるから、サン自身は血筋としては縄文文化の継承者であるわけではないのだが、人と自然の間にある、という意味では、アシタカとサンはほとんど同じ場所に位置している。唯一の違いは、アシタカが人間の側から自然との間にあろうとしているのに対して、サンの場合、自然の側から人間との間（正確には、自然と人間の間にあろうとしているアシタカと自然の間）にあろうとしているところにある。この点を除けば、サンもまたその存在のあり方は、縄文文化の継承者であるエミシの末裔、アシタカとほぼ重なっていると言ってもよい。

『もののけ姫』から『となりのトトロ』へ ―― 柳田國男との接点

ここでさらにもう一点、指摘しておきたいことがある。それはこの物語と柳田國男の学説との間にも接点を確認することができることである。先住民たちの研究に関しては柳田國男の「山の人生」が先駆的な研究となっていると藤森が『かもしかみち』で述べているように、中尾に影響を与えた藤森の説にさらに影響を与えているのが、柳田國男のとくに初期の研究であった。

柳田の「山人考」（初出、日本歴史地理学会大会講演手記　一九一七）やそれに続く「山の人生」（初出『アサヒグラフ』一九二五）は、平地での水田農耕に従事する「日本人」が誕生する以前の先住民の研究であり、柳田はそのような先住民を「山人」と呼んでいる。これらの論考で柳田はその存在を、各地に残る天狗や鬼、山伏に関する伝承を手がかりにして証明しようとしているのだが、その前提になっているのは、そもそも日本人とは様々な雑多な民族が融合してできた民族であり、当初から単一民族であったわけではない、という歴史認識である。柳田にとって山人＝先住民はその象徴的な存在である。

『もののけ姫』と柳田の接点として、とくに強調しておかなければならないのは、柳田の言う山人が歴史上、どのように姿を消していったか、という点であろう。柳田によれば、古代における先住民族の行く末は、合計六筋あった。第一は朝廷に帰順していったパターン、第二は戦いで討ち死にしていったパターン、第三は自然に絶滅していったパターン、第四が信仰を媒体として、山人が優位な形で征服、融合していったパターン、第五が長い年月の間に土着し、自然に融合していったパターン（柳田はこのケースが一番多かっただろうと論じている）である。

そして、第六は、絶滅することなく人知れず連綿と先住民の文化を継承し、今もなおその生活を続けている、というパターンである。天狗や妖怪の伝承は彼らと里の者の偶然の接触が下敷きになっている、と柳田は言う。そして、さらに「今尚山中を漂泊しつゝあつた者が、少なくとも或時代迄は、必ず居た」とも、「山人考」で柳田は語っている。柳田によれば、彼ら山人は、「山人考」が執筆された一九一七（大正六）年の段階でなお存在しており、彼らは火と物音に気をつけ、その存在を里人に気取られないように気をつけながら山中にあった。一九一七年の日本列島にそのような可能性があったのか、あるいは可能性を感じさせる未開の森が広がっていたのか、私にはわからないが、興味深いのは、先住民族は歴史書に記されていないだけで存在していたのだ、という柳田の発想法そのものである。文字に記された歴史とは別の次元に歴史そのものはある、言い換えるならば、柳田はここで歴史を文字や記録という呪縛から解き放っているようにも思える。

そして、このような想像力は『もののけ姫』とも近似している。先ほども述べたように、アシタカはけっしてエボシ御前に自分たちの部族が住まう場所を教えようとはしない。ジコ坊の言葉から、彼らエミシ一族の存在は古い書にわずかに記されているだけで、今や人々の記憶からまったく消え去っていたことがわかる。歴史の闇に自らの意志で姿を消していったエミシの部族、このような設定は柳田が語る先住民、山人のイメージと近似している。

『もののけ姫』と柳田民俗学の接点はもうひとつある。それは、作品をつぶさに見ていくと柳田が「神樹」と呼んだ、一般的には依代《よりしろ》と呼ばれる神が宿る木が登場していることである。

サンを肩にかつぎタタラ場を出ようとした際、アシタカは後ろから石火矢《いしびや》に撃たれ、その礫《つぶて》は背中から胸にかけて貫通してしまう。傷口から血を流しながら、アシタカは十人がかりでないと動かないはずの門を一人で押し開け、タタラ場を出て行く。しかし、途中アシタカは意識を失ってしまい、ヤックル（アシタカが乗る赤ジシ）から転げ落ちてしまう。その際に、同行していた山犬はアシタカを喰い殺そうとするのだが、アシタカの「生きろ……そなたは美しい……」という言葉に驚くサンは、むしろ瀕死の傷を負ったアシタカを助けようとする。その方法とは、瀕死の重傷を負ったアシタカをシシ神の力で蘇生させる、というものであった。

シシ神の森には池があり、池の中央付近に島がある。シシ神が棲まう島である。サンはそこにアシタカを連れて行くのだが、その時、サンは若木を一本、切り取り、横たわるアシタカの頭上に立てる。その若木を目印にして、シシ神はアシタカに近寄ってくる。これは明らかに依《より》代《しろ》、神霊がそこに依る「神樹」である。

さて、その神樹なのだが柳田國男は、「山人考」や「山の人生」を執筆したのとほぼ同時期、大正年間から戦後、一九五一年頃まで断続的に、神樹についての論考を発表している。これまでの本書の考察を踏まえるならば、とくに先住民の文化と神樹の関わりを意識しつつ執筆したであろう初期の論考に関心が向かうわけだが、私が調べた範囲では、「腰掛石」(『郷土研究』一九一五・一二)、「杖の成長した話」(『民族』一九二五・一二)などがそれにあたる。

たとえば、「腰掛石」には次のような記述がある。

> 柱松と称して上元又は中元に棹の尖端に火を焚く風習は、今も村々の祭の日に建てる幟と起源同一のもので、火と云ひ旗と云ふも結局は夜の柱、昼の柱の区別に過ぎず、(中略)

即ち神霊用の梯子である。（中略）我邦にも之と独立して神霊の為に柱を樹つる慣行が久しくあつた以上は、其共通の起因は猶ずつと古い所へ持つて行かねばならぬ。即ち苟くも神又は精霊が高空に止住行走すと云ふ信仰の存する限、此は何れの民族に於ても自然に発生し得べき行事であつて（中略）必ずしも一は他を模倣したとも断言出来ぬのである。
（「腰掛石」『郷土研究』一九一五・一一、引用は『定本柳田國男集』第一一巻　筑摩書房　一九六九・四）

この文章では、自然発生的な最古の宗教、つまり「神又は精霊が高空に止住行走すと云ふ信仰」の発生と神樹（ここでは具体例として「柱松」が挙げられている）との関わりが語られている。噛み砕いて言えば、柳田はそれぞれの民族におけるもっとも古い形の信仰形態としてアニミズムを挙げ、神霊が宿る場所としての棒や柱を崇めるような信仰形態をイメージしていた、ということになるだろう。これを『もののけ姫』に引きつけて言えば、先住民の信仰形態であるアニミズムのイメージは『もののけ姫』にも流れ込んでおり、サンがアシタカの頭上に木の枝を立てるエピソードは、サンもまたその信仰形態を共有していることを意味している。つまり、シシ神を頂点とする『もののけ姫』に登場する神々は、照葉樹林文化が育くんだ先住民族の神的存在の象徴であったことが見えてくるわけである。

柳田の言う「神樹」は他の宮崎作品にも登場している。たとえば、『となりのトトロ』である。この作品は一九八八年四月一六日より東宝系で劇場公開された。

舞台は昭和三〇年代、主人公は、妻（物語中では「おかあさん」と呼ばれている）が結核を患い、サナトリウム、七国山病院に入院している草壁タツオと娘のサツキ、メイである。物語は、クスの大樹がそびえる塚森のとなりの一軒家に三人が越してくるところからはじまる。ある日、庭で遊んでいたメイが不思議な白い生き物を見つけ、追いかけている内に、クスの大木の下に広がる、現実世界とは異なる空間に迷い込んでしまう。そこで「トトロ」と呼ばれる不思議な生き物に出会うことになる。次にトトロが登場するのが、ある雨の夕刻、眠ってしまったメイを背負いながら、サツキがバス停で父親の帰りを待つ場面である。サツキはトトロに傘を貸し、トトロはサツキにお礼として木の実を渡す。家の庭にサツキとメイはその椎の実をまき、その実はやがて巨木と成長し、トトロは二人を乗せて空を飛び、巨木の先でオカリナを吹くのだが、この場面で二人の夢は覚める。

三度目にトトロが登場するのは、七国山病院に一人向かったメイが道に迷う場面である。サツキがトトロに泣きながら相談すると、トトロはネコバス（文字通り、バスの胴体を持つ一二本足のネコ）を呼び、サツキを乗せる。サツキを乗せたネコバスは道に迷い泣いているメイに追いつき、さらに七国山病院に二人を連れて行く、というところで物語は終わる。

もはやわかると思うが、「塚森」に聳える巨大なクスの木の下に、日常的現実とは異なる空間が広がっており、そこには不思議な生き物が棲んでいるという設定は、これまで論じてきたような神樹の姿と、発想としてきわめて近似している。

先ほど述べたように、照葉樹林とは常緑の広葉樹林のことであり、カシやシイ、クスノキ、ツバキ、モチノキ、サザンカなども照葉樹に分類されている。トトロの住まうクスは照葉樹林そのものである。また、物語の中で巨大なクスがそびえる小山を指して、父親の草壁タツオは「塚森」と呼んでいるが、『神樹篇』（実業之日本社　一九五三・三）で柳田國男は「梵天塚」と呼ばれる関東地方に広がる塚について言及して、「要するに柱を塚の上に立てる上古からの風習が、時代々々の信仰に由つて彩られて、今日に伝はつたものである」と論じている。神樹と塚は不可分の関係にあり、精霊が宿る依代《よりしろ》を立てるために土を盛った人工の小山が「塚」であった。さらに言えば、物語において、草壁タツオは考古学者で大学の講師をしているという設定なのだが、その書斎に雑然と並べられた本の背表紙をよく見てみると、その中の一冊に『森と農耕』と記されていることに気づく。このタイトルはあきらかに中尾佐助の『照葉樹林と農耕の起源』を意識したものである。

タツオはトトロが棲む巨大なクスの木を前にして、「立派な木だねェ、きっとズーッとズーッと昔からここに立っていたんだね、昔、昔、木と人は仲良しだったんだ、お父さんはこの木を見てあの家がとても気に入ったんだ」と語っている。宮崎自身の「トトロも縄文人から縄文土器を習って、江戸時代に遊んだ男の子をマネしてコマ回しをやっているんでしょう（笑）。トトロは三千年も生きていますから、本人にとってはついこの間、習ったことなんです」（前掲「トトロは懐かしさから作った作品じゃないんです」）という言葉と合わせて考えれば、タツオが言う「木と人が仲良しだった」昔とは、明らかに縄文時代、先住民たちの時代を指している。トトロは三〇〇〇年も生きている、つまり照葉樹林文化の中にあって、森と共存し採集生活を営んでいた縄文人たちの信仰の中にあったような精霊がトトロなのである。

また、「神樹」は、第一章で言及した『天空の城ラピュタ』にも登場している。ラピュタ王の玉座があったと言われる浮城は、一本の巨大な木（何の木か物語中では言及されていないが、形状としてはトトロが棲むクスの木に近似している）の根によって全体が抱え込まれている。城が崩壊するラストの場面で、その巨木は、世界支配という帝国の野望、個人的欲望の無制限の拡大の手段である飛行石が人間の手に届かないように天高くへと持ち去り、さらに、その野望を挫いたパズーとシータを根に抱えて命をたすけている。人間によるエゴの無限の膨張に歯止めをかける意志として、つまり、自然と共生しえた太古の生存様式の象徴として、この巨大な神樹は登場している。

アニミズムの受容をめぐって

さて、これまで柳田と宮崎の接点を検討してきたわけだが、その延長上に浮かび上がってくる問題は、宮崎駿におけるアニミズム受容の問題である。宮崎はアニミズムについて次のように語っている。

闇と光が対峙していて、光が正しくて闇が邪悪な物というヨーロッパ系列の思想がありますね。ぼくは、あれが好きじゃないんです。（中略）日本人にとっては、神様って闇の中にいるんですよ。ときどきは光の中にも出てくるかもしれないけど、いつもはどこかの森の奥深いところにいたり、山の中に住んでたり、そこへ〝依代〟を建てると、ふらっとそこへやってきたりする。（中略）日本人にとってはある種の森とかそういうものに対する尊敬の念で——ようするに、原始宗教、アニミズムなんですね。〝何かがいる〟みたいに自然とは混沌としているんですよ。（中略）そういうのは自分の心の奥深い暗がりとどこかでつながっていて、そういうものを片方で消してしまうと、自分の心の中にある暗がりもなくなって、なにか自分の存在そのものが薄っぺらいものになるという感じがどこかにあるもんで、気になるんですね。

（前掲「トトロは懐かしさから作った作品じゃないんです」）

この文章においては、さらに一歩進めて、日本における先住民の神々がヨーロッパ文明との比較から言及されている。この文章で着目すべきは、宮崎がレトリックとして使用している〈光〉と〈闇〉という比喩表現である。この表現は、安田喜憲の「これまで多くの西洋の文明論は「超越的秩序の宗教をもつもののみが文明である」という説を是認してきた」「だが、この現世的秩序を不完全で劣等なものとみなし、超越的秩序の宗教をもったもののみが文明であるという考え方がテロリズムを引き起こし、戦争を引き起こし、地球環境を破壊しつつある」

（『一神教の闇――アニミズムの復権』　ちくま新書　二〇〇六・一二）という言葉を横に置いてみれば、理解しやすい。キリスト教に代表される一神教の世界では、人為の加わっていない自然状態は、神の意志がいまだ届かない野蛮で不完全な状態と見なされる。つまり、それは〝闇〟である。このような現実世界を超越したところに存在する超越的秩序、言い換えれば、神の意志が隅々にまで行き届いている世界こそが〝光〟なのである。したがって一神教下においては、人間に課せられた義務として、神の代行者として、自然状態にある世界＝闇に光を当てることが求められることになる。すなわち、自然状態にある世界を文明の力をもって超越的世界に近づける、言い換えれば、「野蛮な未開の民」を教化し、「文明」の恩恵を与え、手つかずの自然を開発することが、神の代行者としての人間に与えられた使命として信じられることになる。

宮崎は明らかに、そのような超越神を信じるヨーロッパ文明に対立する存在としてアニミズムをイメージしている。右の文章では、一神教が陥る独善と暴力を回避していく方法として、多中心的な文明のありようが模索されており、そのひとつとしてアニミズムを母胎とするあたらしい文明がイメージされている。依代《よりしろ》を立てるとそこにふらっとやってくるアニミズムの神々、聖霊たちは、光にも闇にもいる。つまり、超越的秩序と自然的秩序のふたつの世界、両方にまたがって偏在している。そうであることによって、アニミズムの世界は彼岸と此岸、文明と野蛮、人間と自然の対立や闘争を失効する可能性を持つのである。言い換えるならば、アニミズムの世界にある時、人は未開や自然を外部として意識するような宗教的基盤を失っている。アニミズムの世界観において、神的存在は光の中にも闇の中にも偏在している。

このアニミズムという主題は、ほとんどの宮崎作品に流れ込んでいると言っても、けっして大げさではない。たとえば宮崎は次のように語っている。

　アニミズムはぼく、好きなんですよ。石コロにも風にも人格があるって考え方、納得できます。でも、そういうのを宗教として謳いあげたくなかった。だから、ナウシカはジャンヌ・ダルクじゃありません。風の谷のみんなのためじゃなくて、自分自身が耐えがたかったから行動したんです。死ぬとか生きるとかよりも、あの王蟲の子を助けて群れにもどしてやらないと、自分の心にあいた穴がふさがらない、そういう人間だと思うんです。

（前掲「豊かな自然、同時に凶暴な自然なんです」）

少なくとも『風の谷のナウシカ』の段階においてすでに、宮崎作品にアニミズムの発想なり感性なりが取り込まれていることが、ここからわかる。繰り返し述べてきたように、宮崎の思想は、人間中心主義、自我中心主義を欲望の無限の拡大として、否定的に捉え直す方向性を内包している。欲望を主体化すれば、自然環境はすべて客体、すなわち、欲望を満足させるための手段としてイメージされるほかなくなる。

井上静は「近代文明と資本主義を批判すれば、それを作り上げた一神教的合理主義精神をも批判する事になり、これが無神論・汎神論へ行くと同時にアニミズムやフォークロアへも向かうのだ」と論じている（『宮崎駿は左翼なんだろう』世論時報社　一九九八・九）。汎神論やアニミズムを無神論と一緒にしてよいのかという疑問が残るところだが、宮崎が、アニミズムに文明の基盤を求めることで、近代文明＝人間を中心とした主体―客体という自然環境との関係性を解体し、共生可能な関係を再構築していこうとしていることはまちがいない。宮崎自身、「環境の問題というのは、人間の役に立つから残そうというんじゃなくて、役に立たないから残そうというふうに僕らの考え方を転換しないと解決しないと思うんです。役に立つ立たないというものの考え方をどっかで捨てないと、つまり、役に立たないものも含めて、全部が自然なんだという感覚にならないとダメだと思いますね」（前掲「森の持つ根源的な力は人間の心の中にも生きている『もののけ姫』の演出を語る」）と語っている。欲望を主体化せず、人間にも山川草木にも宿る生命を感得し、その生命を信仰する感性にあっては、人と自然は主体―客体の関係ではありえない。そこで構築されるのは、いわば間主観的関係、人も自然も生命の依代《よりしろ》として見なされることでその物象化が回避される関係、「木と人は仲良し」であるような関係である。『風の谷のナウシカ』を見ても、作品のいたるところで王蟲は、超越的視点から宇宙を眺めるような神的存在として描かれている。物語の結末でも、王蟲の幼生を助けたナウシカが今度は谷の人々を助けるために自らの生命を投げ出したことを王蟲らは知っていた。だから、群れをもってナウシカを蘇生させるのである。そして、その王蟲らの行動によって、「その者青き衣をまといて金色の野に降り立つべし」という谷に伝わる神話的伝承は、現実のものになる。

しかし、『もののけ姫』製作の段階において宮崎は、「アニミズムは有効な考え方だと思いますが、決して解決策ではありませんね。……」（「自然に生きるものは、みんな同じ価値を持っている」『清流』一九九七・八）と語りはじめている。人はやはり自我を捨てきることはできないと思考しはじめたわけだが、この問題については後に詳しく論じる。

ところで、このアニミズムについては、岩田慶治による興味深い指摘が存在する。

「他界とは何か」、「あの世はどこにあるのか」という問いを、民族ごとの伝承と説話から離れて、そういう物語ふうの衣裳をとり去って考えてみる。そうするとそこに残るものは、この世界を二元的に見る見方、つまり二元的世界観である。ただし、単に二元的というのではなくて、二にして一、一にして二というふうに、表裏一体に捉えるとらえ方なのである。

（『カミと神――アニミズム宇宙の旅』講談社　一九八四・九）

この世とあの世、此岸と彼岸を対立的に捉えるのではなく、両者をあわせて世界それ自体としてとらえる、これがアニミズムの空間構図であると、岩田は説明している。この点についてもう少し詳しく説明すると、たとえば、巨大な樹木や岩があるとする。アニミズムの世界ではそこに聖霊が宿っているとイメージされる。つまり、因果で支配される物理的空間とまったく重なる形で、同じ場所に、聖霊がそこに住まうような目に見えない空間もまた存在しているわけである。世界は物理的空間と宗教的空間が二元一如となって形成されている。この世は同時にあの世でもある、というのが、アニミズムの空間感覚なのである。岩田がその例として持ち出しているのが、学生時代、鈴木大拙の講演会を聞いたときの体験である。この講演会で鈴木は「昔の人は、草葉のかげにあの世があるといったが、ほんとうだなー」と聴衆に語ったと、岩田は回想している（『アニミズム時代』法蔵館　一九九三・六）。草葉に聖霊が宿り、その裏にあの世が広がる、目に見える世界と目に見えない世界が皮膜一枚でへだてられ、隣り合わせにあるような世界イメージがアニミズムの世界観には潜在している。

私がなぜこの問題にこだわるのかというと、実は『となりのトトロ』には、このようなアニミズムの空間感覚を強調する場面が、いくつかちりばめられているからである。たとえば、トトロとともにサツキとメイが巨木の上でオカリナを吹く場面がある。次の場面で父親のタツオがその場所を振り向くが、虚空が広がるだけで何かが見えるわけでもない。娘たちがトトロと交流する「あの世」はタツオの目の前に広がっている、しかし、タツオの目でとらえることはできない。また、ネコバスに乗って母親に会いに行く場面もそうである。サツキとメイはマツの木の枝に坐って、病室でタツオと話す母親の様子をうかがうのだが、その場面で、母親は、「いまそこの松の木でサツキとメイが笑ったように見えたの」とつぶやく。母親は、アニミズムの聖霊と一緒にサツキとメイが目の前にいながら、錯覚のように一瞬その気配に気づくのみである。それ以上に二人の姿をとらえることはできない。逆から言えば、サツキとメイはこの物語において、同じ場所に同時的に存在する目に見える空間と目に見えない空間、物理的空間と宗教的空間、生身の人間が生きる空間とトトロらアニミズムの聖霊が住まう空間とを、行き来できる存在として設定されている。

タタリ神とディダラボッチ

これまでの考察を前提として、ふたたび『もののけ姫』の分析にもどる。

この作品とアニミズムの関係性について、宮崎自身による直接的な言及が確認できる文章としては、前掲「自然に生きるものは、みんな同じ価値を持っている」、前掲「ベルリン国際映画祭　海外の記者が宮崎駿監督に問う、『もののけ姫』への四十四の質問」などがある。

たとえば、ベルリン国際映画祭での会見で宮崎は、アニミズムは今日でも多くの日本人の中に宗教的感覚として強く残っており、その感覚とは「自分たちの国の一番奥に、人が足を踏み入れてはいけない非常に清浄なところがあって、そこには豊かな水が流れ出て、深い森を守っているのだと信じている心」であり、「そういう一種の清浄観があるところに人間は戻っていくのが一番素晴らしいんだという宗教感覚」であると、語っている。さらに、『もののけ姫』の舞台となっているシシ神の森は、そのような日本人の宗教感覚、犯すべからざる「日本人の心の中にある、古い国が始まる時からあった森」の象徴であるとも語っている（前掲「ベルリン国際映画祭　海外の記者が宮崎駿監督に問う、『もののけ姫』への四十四の質問」）。

また、この会見で、宮崎は次のようにもアニミズムについて説明している。

日本の小さな村のいろんなところに、小さな社があるんですけど、そういう社も大抵そういう場所にありますからね。ちょっと何かいそうな場所に神社が建ってる。だからそこに行って拝む時は「どうぞお鎮まりください」「人間に害を与えないでください」って拝むんです。決して自分の魂の救済のために拝むんじゃないんです。ですからアシタカもずいぶん「鎮まれ、鎮まれ」って言ってましたけど、「鎮まりたまえ」っていうのは日本人の自然観の一番中心的な観念なんです。

（前掲「ベルリン国際映画祭　海外の記者が宮崎駿監督に問う、『もののけ姫』への四十四の質問」）

たしかに、宮崎自らが語るように、作品の冒頭近くで何度かアシタカは「鎮まりたまえ」と語っている。シシ神の森の木々を切り倒し、砂鉄をとろうとしたタタラ場の民を、森の主である巨大なイノシシ、ナゴの守が襲う場面がある。ナゴの守の身体深くに、エボシ御前が放った石火矢が食い込み、骨を砕き、肉を腐らせ、結果、ナゴの守は人間に対する恨みや呪いに身を委ね、「タタリ神」となってしまう。そして、村を襲おうとするタタリ神に対して、アシタカは「鎮まれ、鎮まりたまえ」「さぞかし名のある山の主と見うけたがなぜそのようにあらぶるのか」と叫ぶのである。また、アシタカの矢によって射貫かれ瀕死の重傷を負ったタタリ神に対して、村のシャーマン、ヒイさまと呼ばれる老女もまた、「いずこよりいまし荒ぶる神とは存ぜぬもかしこみかしこみ申す」「この地に塚を築きあなたのみたまをお祭りします、うらみを忘れ鎮まりたまえ」と、祝詞を捧げている。前掲「森の持つ根源的な力は人間の心の中にも生きている『もののけ姫』の演出を語る」で、「日本の神様ってのは悪い神様と善い神様がいるというのではなくて、同じひとつの神があるときは荒ぶる神になり、あるときは穏やかな緑をもたらす神様になるというふうなんですね」と語っているように、日本人にとって、あるいは、宮崎が理解するアニミズムにおいて、森に住む霊たちは、ある時は私たちに清浄な宗教感覚をもたらすと同時に、ある時は荒ぶる神として、私たちに恐怖をもたらす存在としてある。宮崎が描く土俗の神々において、善と悪、慈愛と恐怖は背反するものではなく、表裏として存在している。『もののけ姫』冒頭に登場するナゴの守もまた、そのようなアニミズムの神として描かれており、だから呪いに身を委ね、タタリ神へと変化していくわけである。

また、アシタカやヒイさまがナゴの守にむかって唱える「鎮まりたまえ」という祝詞についても、興味深い問題が潜在している。

宮崎駿はアニミズムを理解していくにあたって、柳田國男、中尾佐助、藤森栄一の他、山折哲雄、岩田慶治、安田喜憲の著書なり論文なりを参考にした形跡がある。このうち、名前を挙げて直接言及しているのが山折哲雄であり、前掲「自然に生きるものは、みんな同じ価値を持っている」で、宮崎は「山折哲雄さんが、「日本人は自然のさまざまなものに神や仏を見ている。本来、宗教的な民族である」と言っています。一種のアニミズムなんですが、西洋の概念では宗教ではないんですね」と言及している。そこで山折のアニミズム観、宗教観と宮崎の接点を探ることも可能になってくるわけだが、たしかに、山折の著作を見てみると、『もののけ姫』の主題と交錯する文章が記されていることを確認することができる。

たとえば、山折によれば、日本の神々は目に見えない神としてあり、その神々は多くの場合、場所と結びつき、特定の土地の名前に結びつけられ、語られている。ほとんど一体化して語られるケースも多いと言う。このような日本人の宗教感覚が今日でももっともよく残っているのが、地鎮祭である。身を隠す神は、気配あるいは霊気として存在しているが、人がその場所を侵す時、たとえば、工事を行う時、人は土地の神を祀り、許しを請い、「鎮め」を行わなければならない。ここには、「もしも土地の神への挨拶を怠るときは、たちどころにその神の怒りを誘発するという怖れ」が潜在している。その怖れとは「特定の場所にひそんでいると考えられている無個性的な気配、脱署名的な気配」に対するものであり、このような「気配の神学」は「場所の感覚」と密接に結びついている、と山折は言う（山折哲雄編『日本の神1　神の始原』平凡社　一九九五・五）。

「ベルリン国際映画祭　海外の記者が宮崎駿監督に問う、『もののけ姫』への四十四の質問」において、宮崎は「「何かが森にいる」っていう感じはありますね。」「生命というのかなあ。それは一緒に森に入った自分の小さな息子が突然怖がるというので分かる。日本の山の村にはいろんなところにあそこには入ってはいけないっていう「入らずの山」というのがあるんです。それは山を一人で歩くのが全然平気な男たちが、そこに入るとものすごい恐怖に襲われるからなんです。それは何かというと、科学的にいろいろ言われる方もいますけど、獣なのか鳥なのか木なのかということではないんです」と語っている。宮崎が語る、「入らずの山」の感覚は、山折の言う気配の神学とあきらかにつながっている。『もののけ姫』も同様である。ナゴの守がタタリ神になったのは、タタラ場の者たちがシシ神の森を切り開いたからであった。そして、その怒りを鎮めるために、アシタカやヒイさまは「鎮まりたまえ」と言う。このエピソードは山折の言う地鎮祭の感覚と明らかにつながっている。

ついでに言えば、「タタリ神」という言葉は宮崎の造語ではない。歴史上の資料としては、九〇五年醍醐天皇の命により編纂が開始され、九六七年施行された、養老律令の施行細則である『延喜式』巻八にすでに登場している。『延喜式』自体は非常に専門性の高い歴史資料なので、専門家以外に読解できるとは思えないのだが、前掲の山折編『日本の神1』などこれに言及している文献を宮崎が目にしている可能性はある。

さて、その内容である。『延喜式』巻八には二七編の祝詞が収録されているのだが、その中に「崇《たた》り神を遷し却る」（遷却崇神）という祝詞がある。その内容は「皇御孫《すめみま》の尊の天の御舎《みあから》の内に坐《ま》す皇神等《すめがみたち》」を「此の地《ところ》よりは、四方《よも》を見霽《みはる》かす山川清き地《ところ》に遷《うつ》り出で坐《ま》して」というものである。天皇の神殿に鎮座していた神々が何らかの理由でたたりをなしたので、鎮座する場所を宮殿から「山川清き地《ところ》」にもどして鎮めた、というわけである（斎藤英喜「崇る神と託宣する神」前掲『日本の神1』）。ここで言う「山川清き地《ところ》」を、太古のままに残るような原始の森と理解するならば、『もののけ姫』に登場するシシ神の森のイメージとほぼ一致するだろう。そして『延喜式』の崇り神も『もののけ姫』のタタリ神も、そのような「山川清き地《ところ》」にあることを住み家としている点でも一致している。両者の違いを述べれば、『延喜式』の方は人の手によって、そのような場所にもどされることでたたりが鎮められているのに対して、

『もののけ姫』の場合、人間が自然をおかすことで、人間をたたりはじめているところにある。

さらに、アニミズムに関連して、この物語に登場するシシ神＝ディダラボッチについて考えてみたい。

今まで考察してきた、考古学や歴史学、民俗学などの書物の内、ディダラボッチに関する言及が見られるのは、藤森栄一の『縄文の世界』（講談社　一九六九・七）、『縄文の八ヶ岳』（学生社　一九七三・七）である。ただし、『もののけ姫』のそれとは、かなりイメージが異なる。

藤森が主に言及しているのは、信州八ヶ岳西麓に伝承された民話である。

あらすじを説明すると、昔、富士山に住まう木の花咲耶姫と八ヶ岳の男神がどちらが背が高いか言い争いになった。そこで二人は天の神に立ち会ってもらい、二人の頭に樋をかけて水を流してみたところ、水はすべて富士山に流れてしまった。怒った木の花咲耶姫が八ヶ岳の頭を蹴とばし、八ヶ岳は頭が崩れてしまってギザギザになってしまった。そこに登場するのがディダラボッチと呼ばれる大男である。ディダラボッチは八ヶ岳を助けてやろうと諏訪湖の土をすくい八ヶ岳を修理しようとするが、やがてもっこの天秤棒が折れてしまい、どこかに行ってしまった、という話である。『もののけ姫』に登場するシシ神＝ディダラボッチと比べて、ユーモラスな感じがしてイメージに相当のへだたりがある。

　このようなディダラボッチにまつわる伝承を分析して、藤森は各地に伝わる巨人の伝説のほとんどの結末が、どこかへ行ってしまった、あるいはいつのまにか消えてしまった形になっており、ここには流浪し安住の地を見出しえなかった「八世紀的先住民」の面影が見えると論じている。これら「山岳創造の説話は、狩猟にしろ漁労にしろ、若干の原始農耕をはじめた焼畑民にしろ、極めて縄文文化的である」というのが藤森の指摘であり、『もののけ姫』のディダラボッチもまたアシタカやサンなど先住民の末裔によって信仰される神であった点では一致している。

　ただ、その役割がまったく異なる。藤森が紹介するディダラボッチは山を削り河を作りと天地創造のエネルギーを秘めた神であり、いつも地形の成り立ちを説明する上で登場している。一方、『もののけ姫』に登場するディダラボッチは、土を盛ったり大地を削ったりしているわけではない。作品中でシシ神はアシタカや甲六の傷を治し生かそうとする、そのもう一方で、タタリ神になった鎮西の乙事主と呼ばれる巨大な猪のいのちを吸い取っている。シシ神は生き物のいのちをつかさどる神である。アニミズムの世界において生命そのものが神として信仰されるとするならば、シシ神はそれら個々のいのちをつかさどる存在である点で、超越的立場に位置する神として描かれている、と言ってもよい。

たとえば、アシタカがシシ神によって助けられた直後の場面で、サン、山犬のモロと猪たちが次のような会話を交わしている。

（大猪）「われらは人間を殺し森守るタメに来た、ナゼココに人間がいる」

（モロ）「わたしの娘だ、人間など何処にでもいる。自分の山にもどりそこで殺せ」

（大猪）「シシ神の森を守るために殺すのだ」「なぜ人間がココにいる」

（サン）「この人間（筆者注、アシタカを指す）の傷をシシ神さまがいやした、だから殺さずに返す」

（大猪）「シシ神が人間をたすけた?!　シシ神が人間をいやしただと!!　なぜナゴの守をたすけなかったのだ!!　シシ神は森の守り神ではないのか!!」

（モロ）「シシ神は生命《いのち》を与えもし、奪いもするそんな事も忘れてしまったのか、猪共」

モロはシシ神がいのちをつかさどる超越的な神であることを知っているが、猪たちはそのようなシシ神のあり方を正確には理解しておらず、自分たちの神であると誤解していることが、この会話からわかる。猪たちにとって、この森こそがシシ神の無限の実体である。だから、猪たちにすれば、シシ神は森を侵そうとする人間と敵対しなければならないはずであり、ということは、森を守ろうとしたナゴの守のいのちを救わなければならないことになる。にもかかわらず、シシ神はアシタカのいのちを救い、ナゴの守は救わなかった。猪たちのいらだちはここにある。なぜ、自分たちの味方であるはずのシシ神は、人間に味方したのか、そう猪たちはいきどおるのである。シシ神は自然と人間の対立を失効する、あるいは超越する形で存在している。

シシ神＝ディダラボッチの不可解なありようは、作品末尾近くにも描かれている。日没近くディダラボッチに変身しようとする時、エボシ御前が石火矢でその首を手に入れることに成功し、ジコ坊に手渡す。ジコ坊らはその首をかついで逃げるのだが、ディダラボッチは首を失ったまま、森の木々のいのちを吸い取りながら、首を取り戻そうと追いかけてくる。ディダラボッチの通った後には、いのちを吸い取られ枯れ果てた照葉樹林の森が残るばかりである。アシタカとサンはジコ坊から首を取り返し、ディダラボッチにその首を返すのだが、首がディダラボッチの首に戻った瞬間、太陽の光にさらされ、シシ神＝昼の姿に戻るタイミングを失ったディダラボッチはその場に倒れる。すると、枯れ果てた照葉樹林の森にふたたび新しい木々が芽生えはじめる。そして、その様子を見たアシタカとサンは次のような会話を交わすのである。

（サン）「よみがえってもここはもうシシ神の森じゃない、シシ神さまは死んでしまった」

（アシタカ）「シシ神は死にはしないよ、いのちそのものだから、生と死と二つとも持っているもの」

ここでもシシ神の森がシシ神の実体でないことが暗示されている。たとえ、森が死滅してもシシ神は死んだわけではない。太古から続いた照葉樹林の森が死滅したとしても、そこに新たな木々が芽生えはじめれば、それもまたシシ神の別の様態であると了解されるわけである。アシタカが言うように、シシ神＝ディダラボッチとは、この物語において、生と死を繰り返す生命そのものの無限の連鎖それ自体としてイメージされている。言い換えるならば、個体としてのいのちがそこから誕生し、死に際してはそこに戻っていく「場所」として、ディダラボッチは描かれている、と言ってよい。生と死を対立概念として捉えるならば、生は死に対する生ということになり、その位置は相対的なものとなろう。死も同様でありそれは相対的な意味での死にとどまる。しかし、生と死をひとつとして捉えた場合、相対的な生と死を超越したような絶対的なもの、生と死がそこから生まれ出るような「場所」が存在しなければならないことになる。「真の無はかかる有と無とを包むものでなければならぬ、かかる有無の成立する場所でなければならぬ」「真の場所は単に変化の場所ではなくして生滅の場所である」「真の無の場所というのは如何なる意味に於ての有無の対立をも超越して之を内に成立せしめるものでなければならぬ」（西田幾多郎「場所」『哲学研究』一九二六・六、引用は『西田幾多郎全集』第四巻　岩波書店　一九六五・五）と西田幾多郎が論じるのは、そのような意味においてである。別に宮崎が西田の哲学の影響を受けたと言うつもりではないのだが、生と死を対立するものとしてとらえずひとつとして理解するという立場に立てば、必然的に西田が論じたような「場所」の哲学にたどりつかざるをえない。シシ神＝ディダラボッチはいのちをつかさどる、いのちを与えもし、奪いもするという意味において、個体としてのいのちがそこから生まれ出る場所、死して後そこに向かう「場所」として、「真の無」としてある。だから、生と死、有と無がそこから立ち上がってくるという意味で、シシ神は他のアニミズムの神々を超越して存在しているのである。

ここから、なぜシシ神から見れば人間とナゴの守が同じでありえたのか、太古から続くシシ神の森が枯れ果てた後に再生した新しい森もまた、シシ神の実体と見なさなければならないのかがわかってくる。シシ神と人間、あるいはシシ神と他の神々、シシ神と森の関係は、生命を与える—与えられるという非対称な関係として、この物語では描かれている。となってくれば、アシタカのいのちもナゴの守のいのちも、シシ神自身から生まれては滅していくような自身の無限の実体の一部にすぎない。この点は森についても同じであり、シシ神の森も死滅した後に新たに芽生えはじめた新しい木々も、いのちそのものである点で、やはりシシ神自身でしかありえないのである。

自我の行方 —— 司馬遼太郎・網野善彦との接点

さて、太古からのシシ神の森が失われ、シシ神のむくろを苗床にして新しい森が再生した様子を前にして、アシタカとサンは次のように別れの言葉を交わす。

（サン）　「アシタカはすきだ、でも人間をゆるすことはできない」
（アシタカ）「それでもイイ、サンはもりで、わたしはタタラ場でくらそう、共に生きよう、あいにいくよヤックルにのって……」

この会話を交わした後、サンはうなずき森に帰っていく。次の場面ではエボシ御前やジコ坊がふたたび登場するが、これらの場面はエピローグにすぎず、右の会話を交わす場面が実質、物語の結末を形成している。印象として言えば、微温的とでも言おうか、まったくもって「すっきりしない」結末である。たとえば、『風の谷のナウシカ』ならば最後に、人間と自然の共生という主題が、かなりくっきりと浮かび上がってくる結末になっているわけだが、『もののけ姫』では、ナウシカのような明確なテーマが結末で打ち出されることはない。サンはアシタカは好きだけど、人間は許せないと言い残して森に帰っていく。つまり、和解したのはサンとアシタカの間だけであって、自然と人間が和解しているわけではないのだ。人間と自然の共生という難問《アポリア》に関して解決策が示されず保留のまま、この物語は終わっていると言うほかない。ディープ・エコロジストから見れば、思想的後退とも言われかねない終わり方である。

もちろん、宮崎はそれを充分に承知した上で、このような結末をあえて選んでいる。たとえば、次の言葉が、その事実を伝えている。

　僕は複雑な部分は切り捨てて、善と悪だけで見ようとしても、物事の本質は摑めないと思います。そういうつもりでこの映画（筆者注、『もののけ姫』を指す）を作りましたから、だれを悪役にするか、だれは悪役にしないかといった区分けはしておりません。（中略）それぞれが理由を持っていて、手が汚れたものは排除すればケリがつくという単純な問題じゃないんですから、その面倒臭い部分をも抱え込んで僕らは生きていかなきゃいけないんですね。そのうえ、自然を破壊してる人が人間的には実はいい人だったりするわけです。悪人ではない人間たちが善かれと思って勤勉にやってることが、実はたいへんな問題を起こしていたりするわけです。私利私欲で固まっていて、誰が見てもいやな奴が木を切ったり、山を削ったり、諫早湾を閉じ込めたりしているんだったら、善悪の判断をつけるのは楽なんですけどね。そうじゃないところに人間の抱えている問題の複雑さがあるわけですから、こんがらがってる部分をこんがらがってるまま見せることにしたんです。

（前掲「森の持つ根源的な力は人間の心の中にも生きている『もののけ姫』の演出を語る」）

たしかに『もののけ姫』の結末は、多くの問題が未解決のまま終わっている。エボシ御前は、結末場面でディダラボッチに破壊されつくした村でタタラ衆らを前に、「みんなよくやったね、ここをいい村にしよう」と語る。タタラ場はやはり再建されるわけである。「天地《あめつち》の間にあるすべてのものをほっするは人の業《ごう》というものだ」と語るジコ坊は、シシ神の首を帝に届けようとするものの、最後の最後にアシタカとサンに阻止されるわけだが、そのジコ坊も何の罰を受けることもなく生き残っている。宮崎自身認めるように、この物語においては、普通なら物語の作り手によってあらかじめ設定されているはずの、善と悪の基準が不在のまま人物の造形がなされている。シシ神の首を狙うジコ坊、森を切り開くエボシ御前やタタラ衆は、悪の側に明確に位置づけられているわけでもないのだ。

とくにエボシ御前らタタラ衆の形象は複雑である。社会的弱者、土地を持たない者たち、売られていく女たち、そしてハンセン病にかかり安住の地を失った者たちを救済するために、タタラ場は経営されている。このことは「エボシさまと来たら売られた娘をみると、みんなひきとっちまうんだ」というタタラ衆の言葉、ハンセン病に苦しむ長《おさ》の「その人（筆者注、エボシ御前を指す）はわしらを人としてあつかって下さったたったひとりの人だ、わしらの病いをおそれず、わしのくさった肉を洗い、布をまいてくれた」などの言葉からもわかる。シシ神の森を破壊するタタラ場は、貧困や病気にさいなまれ、生きていく場所を奪われ、命をつなぐ術を失った者たちの最後の砦でもある。

ところで、『もののけ姫』の企画書を見ると、この作品に登場する多くの登場人物について、「この作品には、時代劇に通常登場する武士、領主、農民はほとんど顔を出さない。姿を見せても脇の脇である」「タタラ者と呼ばれた製鉄集団の、技術者、労務者、鍛冶、砂鉄採り、炭焼。馬借あるいは牛飼いの運送人達。彼等は武装もし、工場制手工業ともいえる独自の組織をつくりあげている」(『もののけ姫』企画書　一九九五・四)と記されている。鈴木敏夫によってすでに指摘されているとおり(『ジブリの森とポニョの海　宮崎駿と「崖の上のポニョ」』角川書店二〇〇八・八)、実はここには網野善彦の歴史学の影響を確認することができる。宮崎は網野と対談(「『もののけ姫』と中世の魅力」『潮』一九九七・九)や座談会(「アニメーションとアニミズム『森』の生命思想」『木野評論』一九九八・一〇)も行っており、また、『もののけ姫』劇場公開用のパンフレットに網野がコメントを寄せていること(「『自然』と『人間』、二つの聖地が衝突する悲劇」)を考慮しても、この点はほぼ間違いないように思われる。実際、網野は『もののけ姫』について、「映画に描かれていることが歴史的な事実かどうかを問題にすること自体、余り意味はないと思いますが、この映画を作られた宮崎さんは、歴史や民俗を非常に良く勉強しておられるなと思いました」と、談話を寄せている。

たしかに、網野史学と『もののけ姫』は交錯する点が多い。タタラ場の主役はおトキさんをはじめとする鞴《ふいご》を踏む女たち、石火矢を作るハンセン病の者たち、タタラ場の技能者たちだが、彼らは網野史観の中にあって、きわめて近い場所に位置づけられている。

たとえば、物語において、アシタカとタタラ場の男たちは次のような会話を交わしている。


（アシタカ）「いい村は女が元気だときいています」

（男）　「でもナア、タタラ場に女がいるなんてナァ……」

（別の男）「ふつうは鉄をけがすってそりゃあいやがるもんだがな」


ここで語られた男のセリフの背後には、女という性をケガレと結びつけるような発想法が見え隠れしているわけだが、この点については網野善彦の論考に詳しい記述がある。

網野は『日本の歴史をよみなおす』（筑摩書房　一九九一・一）において、山本幸司の論考に依拠しつつ、「ケガレとは、人間と自然のそれなりに均衡のとれた状態に欠損が生じたり、均衡が崩れたりしたとき、それによって人間社会の内部におこる畏れ、不安と結びついている」と論じている。この考え方を応用する形で、網野はさまざまなケガレのパターンを抽出してくるのだが、『もののけ姫』との接点として見逃せないのは、巨木や巨石を動かすなど、自然に大きな人為的変更を加えること自体がすでにケガレであると定義されている点である。木を切って山を崩し、砂鉄を採取するタタラ場そのものがすでにケガレなのである。

また網野は、誕生や死も、人間と自然の間に生じた不均衡の状態である、と論じている。人の誕生はそれまでの均衡を崩すという意味で「産穢」、人の死もまた欠損という形で不均衡が生じるので「死穢」が発生する、とされるわけである。ここから、産む性である女、とくに遊女や白拍子などの芸能と性交渉を職能とする女たち、死に関わる民である「非人」に対する差別が成立することになる。網野によれば、ハンセン病患者も、古代の日本においては、非人の中に組み込まれている。

ただし、中世の世界において、遊女や白拍子、非人の位置づけが、近代的な意味での「差別」にあたるかと言えば、そうではない。彼らは一般の平民とは区別されるが、しかし、「賤」ではなく、むしろ「聖」の側へと区別されていた、と網野は言う。中世において、彼らは神仏や天皇に直属するような聖別された集団として存在しており、神人《じにん》、寄人《よりうど》、などの称号で呼ばれている。そしてタタラ者、すなわち、鍛冶や鋳物師の鍛造や鋳造の技術も、常人には引き出しがたい力を引き出し、素材にひとつの形を与えていく仕事として、俗の世界から聖の世界へ越境していく境界的行為と見られていた。彼らのような職能集団もまた、遊女や非人と同じく聖なる集団の側に区別されていたわけである。しかし、やがて天皇や神仏の権威が崩壊していくにつれ、聖別されてきた彼らは賤視されるようになり、差別の対象になっていった、と網野は論じている。この時期が、『もののけ姫』の時代、女や非人、職能民などをとりまく中世の日本の社会状況であった。物語中の、女は鉄をけがすという感覚は、そのような時代のありようと通じている。

このような網野の開示する中世的世界は、物語のいたるところに登場しているわけだが、それとは無縁な存在として描かれているのが、エボシ御前である。エボシは徹底した合理主義者として、この物語には描かれている。ケガレをものともせず、女に鉄を触らせ、ハンセン病患者を手当てし、森の主であるナゴの守に石火矢を放つ。「古い神がいなくなれば、もののけ達もただのケモノになろう、森に光が入り山犬共がしずまればここは豊かな国になる」というセリフからもわかるように、エボシ御前は徹頭徹尾、人間を主体化して自然を眺めている。また、ジコ坊から、帝が下したシシ神殺しの宣旨を見せられた際にも、エボシは「こんな紙キレが役に立つのか」とまったく取り合おうとはしない。この点はタタラ場の女たちも同じで、エボシに「そなた達この書きつけが判るか？」と問われても、「天朝さまって……？」と帝の存在すら知らない様子である。網野の論考によれば、彼らはもともと帝の権威に支えられ、聖なる集団として、平民と区別されてきたわけで、そうである以上、むしろ帝の権威にすがろうとする方が自然である。しかし、エボシは、帝にすらまったく信を置いていない。彼女にとっては、天朝の宣旨もただの紙切れにすぎない。網野史学に登場する賤民との決定的なちがいはここにある。社会の賤視にさらされつつ自らの力でのみ生きることを余儀なくされている彼らは、宗教的権威と無縁な存在として描かれている。彼らは天皇の宗教的価値にすがることなく聖とも賤とも無縁なまま自分たちの力のみで、生き抜こうとしているのである。

とするならば、タタラ場の人々は、これまで論じてきたようなアニミズムの発想法とはもっとも遠い位置にある存在である、ということになる。エボシにすれば、シシ神の森は、女たちやハンセン病の非人たちが生きていくために切り開かなければならず、そのためには神殺しも厭わない、ということになる。

ベルリン映画祭に参加した際の記者会見において、宮崎はエボシの思想に関する質問に対して次のように答えている。

森を壊し、自然を壊す人間たちを悪人で、レベルが低くて、野蛮な人たちだと言うのなら、人間の問題というのはずいぶん解決しやすいんです。そうじゃなくて、人間の最も善なる部分を押し進めようとした人間たちが、自然を破壊するところに人間の不幸があるんです。ですからそこを見ないと、歴史の見方が、いや、地球の見方がおかしくなると僕は思っているんです。つまりエコロジー問題が解決すれば人間が幸せになれるというのは間違いなんです。エコロジー問題を解決すると同時に、人間が不幸な存在なのだということをきちんと考えなければいけないと思います。動物も人間も植物も、命の重さは同じです。人間は自然の一部であり、自然を壊した者であり、同時に壊した自然の中で生きていく生き物だということをきちんと理解し、認識した上でもっと慎重に深くこの問題について考えるべきだと思います。

（前掲「ベルリン国際映画祭　海外の記者が宮崎駿監督に問う、『もののけ姫』への四十四の質問」）

「人間の最も善なる部分を押し進めようとした人間たちが、自然を破壊するところに人間の不幸があるんです」「エコロジー問題を解決すると同時に、人間が不幸な存在なのだということをきちんと考えなければいけないと思います」という宮崎の問題意識は、そのままエボシ御前の生きざまに反映されている。目に見えない聖霊に対する信仰の感性がアニミズムの世界である以上、シシ神の森に住まう神々をただのケモノと言い、神殺しを実行するエボシは、まさにその対極に位置している。しかし、だからこそ、つまりアニミズムと真逆の関係にあるような思想の持ち主だからこそ、エボシは常民の世界において差別にさらされる女たちやハンセン病患者たちを救いえているわけである。

石火矢を作るハンセン病の職能集団の長は、物語の中で「生きることはまことに、苦しくつらい……世を呪い人を呪いそれでも生きたい……」とつぶやいている。人は病に苦しみ、世間や他人と戦い、呪い、憎みそれでも生に執着する。死を願うことはゆるされない。そういう業を背負って生きている。だから、自然を破壊せずにはいられない。自らの死と引き替えに人間と自然の共生を図るような生き方など、できるはずなどないのだ。「今流行のエコロジカルな見方での自然ではなくて、本来人間が直面してきた自然を僕は描きたかった」（前掲「ベルリン国際映画祭　海外の記者が宮崎駿監督に問う、『もののけ姫』への四十四の質問」）、「僕は自然環境の問題をメッセージとしてこの映画を作ったわけではありません。むしろ一般に言われている自然環境に対する問題の捉え方に異議申し立てをしているつもりなんです」（同）と、宮崎自身が語るとおりである。『もののけ姫』を製作する宮崎は、アニミズムに共感しながらも、さらに一歩進めて、それを生きることができない人間の業を見つめようとしている。そしてこの問題意識が、『もののけ姫』の主題を複雑なものにしている。『風の谷のナウシカ』において共生の可能性を探っていた宮崎は、『もののけ姫』では、その共生を阻むような人間の業を宿命として捉え、それをのぞき込もうとしている。共生しようとするのでなく、共生しえない人と自然の関係を描こうとしているのである。

　では、自然との対立や環境の破壊を否定し、かつ肯定するような『もののけ姫』の複雑なメッセージを、私たちはどのように理解するべきであろうか。ここで、注目しなければならないのは、宮崎が堀田善衛と同じように司馬遼太郎の影響も受けていたこと、司馬との対談、鼎談を通じて環境の問題についての歴史的な視点を獲得していったことである。

　たとえば、宮崎は、次のように語っている。

　　亡くなった司馬遼太郎さんの受け売りですが、かつて鎌倉時代の日本の人口は五百万人ぐらいでした。森は鬱蒼として水も透明だった。その中で、一度飢饉が起きれば夥しい人々が死んでいった。美しい自然の中で、人間は時に不幸だったのではないでしょうか。それでも、今日までなんとか生き延びてきたわけです。

だとすると、これからも、例えば世界の人口が百億か二百億になって、自然が破壊され、さまざまな問題が起きたとしても、人類は、なんとか生き延びていくのではないかと思うのです。今は自然の問題が重要視されていますが、それぞれの時代に、それぞれ大変な問題があって、なんとか生き延びてきたんですからね。ちなみに新作の『もののけ姫』のキャッチコピーは「生きろ。」です。（前掲「自然に生きるものは、みんな同じ価値を持っている」）

この文章で言及している司馬との対談とは、一九九五年一月の『週刊朝日』に掲載された「トトロの森での立ち話」を指す。この対談で宮崎は、「たとえば未来の地球の人口が百億になることを想定して物事を考えたりするのは、非常に傲慢な感じがする」と語るのだが、この言葉を聞いた司馬は、非常に上手に、穏やかに宮崎を諭している。「確かにおかしいですね。しかし鎌倉時代の人口は八百万だったそうです。いまは一億三千万。鎌倉時代に宮崎さんが生きていたら、とても一億三千万になるとは思わないでしょう」と、司馬は宮崎に語るのである。

この対談で司馬は宮崎に対して、人間と自然の関係性を歴史的な視点から眺めなければ真実は見えてこないのではないか、と伝えようとしている。宮崎は司馬の示唆に触発される形で、人間と自然の関係性を空間的にではなく、時間的な視点からも見ようとするようになったというわけである。空間的視点からだけ見れば、破壊する人間と破壊される自然という主体―客体の対立構図しか見えてこない。しかし、時間的な視点を導入することで、その破壊が自然における死と再生のプロセスの一断面でしかないことが、見えてくるわけである。そして、司馬との出会いをきっかけとする時間的視点の獲得は、宮崎の思索にあらたな展開をもたらすことになる。

中世人だろうが現代人だろうが、個体を維持していくために自然を破壊している点では同じである。言い換えるならば、環境との反共生という点においては、個体のレベルで見れば、中世人でも現代人でも変わるところはない。では、何が違うかというと、個人の生存のために自然にかける負荷の量と人口が異なるわけである。司馬は話を単純にするためにとくに人口の増加に注目している。中世では八〇〇万人を維持していくために必要な負荷が自然にかけられていたわけだが、現代では一億三〇〇〇万人の人口を維持していくための負荷がかけられている。そして、鎌倉時代の人間から見れば、人口が今の一〇〇倍以上になることなど予想できなかっただろうが実際にそうなったのだから、今後、一〇〇億人を超えることもあるだろうし、そのような未来を視座とするのも必要ではないかと、司馬は宮崎に示唆するわけである。今から見れば、自然と共生しているように見える鎌倉時代も、今になってみればそう見えるだけで、とするならば、未来人から現代を見た場合、やはり相対的には共生を実現しているように見えてしまう、ということになる。そして、結局、今も昔も、そして未来も自然を含めて他に害を与えつつ人類は生を営むことになる、そう司馬は見通している。先ほどの文章で宮崎は司馬の受け売りであるがと断りつつ、「これからも、例えば世界の人口が百億か二百億になって、自然が破壊され、さまざまな問題が起きたとしても、人類は、なんとか生き延びていくのではないか」と語っている。宮崎は、司馬の示唆に導かれる形で、現代から見た未来を予測しようとしている。それはある意味ひとつの希望である。人類は自然を食いつぶしつつ、死滅の道をひたすら進んでいるように見える、しかし、たとえ地球の人口が二〇〇億になったとしても、やはり人は生き残るのではないか。実際、鎌倉時代から一〇〇倍以上に人口が増えても日本人は生き残っているではないか、そう宮崎は考えはじめるのである。

この点を自然の側から見れば、人口がどれだけ増えても、自然にかける負荷がますます増大していったとしても、自然はその負荷に耐えることができるだけの、生命力、あるいは再生力を内包しているはずだ、ということになる。

実際に自然というのは人間が一度破壊したからといって、全部砂漠と化してしまうものではない。自然も繰り返し甦ってくる。そのとき人間が、そこから何を学ぶかだと思います。一度、過ちを犯したら二度と回復できないのだったら、多分、人類はもうとっくに滅亡しています。（中略）映画の終わりで自然は甦りますけれど、それはヨーロッパが産業革命の過程で森がなくなった時点でまた甦らせようとして森が甦ってきたり、日本で鉄を作るためにかなりの木を切った後、やっぱり森が甦ってきたりしていることと同じなんです。でもその甦った森は、明るい森かもしれないけれど、昔の一番生命に富んだ豊かな森とは違うんです。そのことをわきまえて自然と人間のことを考えないと、僕はこれからのことは正しく考えられないと思います。

（前掲「ベルリン国際映画祭　海外の記者が宮崎駿監督に問う、『もののけ姫』への四十四の質問」）

右の文章で宮崎は、『もののけ姫』のラストの場面、ディダラボッチが日の光を浴びてたおれるものの、そのむくろを苗床にして、森が再生していく場面を解説している。

最後の場面に登場する新しい森は、ディダラボッチの死と再生を意味するだけでない。それ以上に、人間によって破壊された自然がそのまま消滅してしまうのでなく、かならず再生してくることを、『もののけ姫』の結末は暗喩している。しかし、「よみがえってもここはもうシシ神の森じゃない」とサンがつぶやくように、すでにその森は、太古のままの手つかずの自然では、ない。破壊と再生という不自然なプロセスを通過した自然であり、したがって私たちは、かならず再生してくるのだから、自然に賭ける負荷を制限する必要もないのだという予定調和を、楽天的に信じることもできない。「僕は自分が正しい答えを持っているとは思っていません。むしろその問題と一緒に苦しもうと思っているだけなんです」（前掲「ベルリン国際映画祭　海外の記者が宮崎駿監督に問う、『もののけ姫』への四十四の質問」）と宮崎自身も認めるように、『もののけ姫』の結末に明確なメッセージ性が感じられないのも、それゆえである。

繰り返しの言及になるが、物語のラストでサンは「アシタカはすきだ、でも人間をゆるすことはできない」と語っている。このようなふたりの会話があいまいなものに感じるのも、人間と敵対するサンに、少なくともアシタカとの関係にあっては、友愛の態度が見えはじめていることによる。

では、このサンの言葉に透けて見えるような人間と自然の不可解な関係をどう理解すればよいのか。

危機に瀕しながら、周りの自然をぶっ壊して、やばいと思って、なんとか持ち直した国もあるし、そのままだめになった国もある。そういうことをやってきたのが人類なんだと思ったほうがいいですね。それが世界的規模になったから簡単には解決はつかないけれども、でもじつは根本的解決はついてきたためしがないんだとわかれば、逆にいうとやりようがあるんです。礼儀として近所の川を少しぐらい掃除しようとか、木を全部切っちゃうのをやめて、柿の実も全部取るんじゃなくて、これは鳥が食うぶんだと、半分は残しておくとかね、そういうふうに具体的に思ったほうがいいと思うんですよ。

（「子どもにいちばん大事なもの」季刊『人間と教育』一九九六・六）

この発言から見え隠れする宮崎の発想の転換を要約して言えば、人間の自然のありようを類、または種のレベルで見てもどこにも解決が見当たらないのであれば、個のレベルで見るしかないのだ、ということになる。『もののけ姫』に引きつけて言うならば、種のレベルで和解は無理であったとしても、つまり種としての自然と種としての人間とは和解できないとしても、個のレベルで、つまりサンとアシタカとは友愛の関係を結ぶことができる、ということになる。

人類と自然という関係だけを見るならば、根本的な解決はつきようもないし、そもそも自然と人間が親和的な関係を取り結び、共生してきた時代などは、これまで一度もなかった。自然は人間を脅かし、人間は自然を破壊する、これが人間と自然の関係の根本的な姿であり、変えることなどできない。しかし、固有名のレベルで出会うことができれば、たとえば、私という存在がなになに川と出会い、「近所の川を少しぐらい掃除しよう」と思うことができれば、人は自然と友愛の関係を結ぶことができる。そう宮崎は考えはじめている。

しかし、それにしても、種、あるいは類としての自然と人はけっして共生しえないとわかっていながら、しかも、破壊された環境はもともとの形ではないにしても、かならず再生を遂げるのだと考えながら、人になぜ個のレベルで自然と出会わなくてはならないのか。個のレベルで自然と人間が友愛の関係を結ぶ目的はどこにあるのか。この疑問に対する答えは『もののけ姫』ではなお明確に答えてくれていないように思われる。第三章ではさらにこの問題について考えていきたい。

第三章　〈自立〉という問題系

キキの旅立ち ――『魔女の宅急便』

第二章の結末で示した疑問点をあきらかにしていくにあたって、最後に、本書においてこれまで言及してこなかった宮崎作品から、『魔女の宅急便』『千と千尋の神隠し』『崖の上のポニョ』について考えてみたい。これまで、反戦、共生などいくつかの視点を立てて分析を進めてきたわけだが、実は宮崎の作品群にはもうひとつの主題が水脈として存在している。それは自立という問題系である。『魔女の宅急便』『千と千尋の神隠し』『崖の上のポニョ』では、人が、あるいは、子どもが大人になり自立していくとはどういうことなのか、そのためにはどのような試練が必要となるのか、などなどの問題が追及されている。しかも、これらの作品ではある時は暗示的に、またある時にはかなり明確に、この自立の問題がアニミズムとの関わりの中で描かれている。

では、まず『魔女の宅急便』から見ていくことにしよう。

この作品は一九八九年七月二九日、劇場公開された。主人公は魔女の血筋をひくキキという少女である。映画版『魔女の宅急便』は、一三歳になると独り立ちしなければならないという魔女の古い習わしによって満月の夜、キキが家を旅立つところからはじまる。彼女は高い時計塔のある海辺の町、コリコに住む場所を定め、空を飛ぶという特技を生かして宅配屋をはじめる。そして、紆余曲折を経て、トンボと呼ばれる少年と徐々に仲良くなっていく。ある日、トンボと一緒に海に飛行船を見に行ったキキは、偶然、通りがかったトンボの友達と出くわしてしまい、腹を立ててひとりで帰ってきてしまう。そのころから、キキの魔法は弱まりはじめ、黒猫のジジの言葉もわからなくなり、空も飛べなくなってしまう。そんな時、トンボが飛行船の事故に巻き込まれてしまう。テレビ・ニュースでそのことを知ったキキは、デッキブラシにまたがり、トンボを助けるために空を飛ぼうと必死でブラシに声を掛ける。そして、キキの祈りに応えるかのように、ブラシは空を飛び始め、トンボを助けることに成功する。

よく知られているように、『魔女の宅急便』の原作は角野栄子による児童小説がある。これを元に宮崎がなかばオリジナルとも思える脚本を作り、アニメ化したのが映画版『魔女の宅急便』である。もちろん、原作の大幅な改変という点については、宮崎自身かなり自覚的であり、自ら次のように企画書に記している。

原作の中で、キキは持前の心根のよさで、難問を解決していきます。それは同時に、多くの味方を周囲に広げてもいきます。映画化に当たり、私たちは若干の変更をせねばならなくなっています。彼女の才能が見事に開いていく姿は、たしかに心地良いのですが、今、私たちの都会で生きる少女たちの心はもっと屈折しています。自立の壁を突破する戦いは、多くの少女たちにとって困難そのものであり、一度の祝福すら受けていないと感じる人々が多すぎるからです。映画では、私たちは自立の問題をより深く追求しなければならないと考えています。映画はいや応ない現実感を持ってしまうためですが、キキは原作よりも、より強い孤独感や挫折感を映画の中で味わうでしょう。

（『ＫＩＫＩ　今日の少女たちの願いと心』一九八八・四）

この文章から、宮崎が『魔女の宅急便』のアニメ化にあたってどのような改変を加えたか、はっきりと見てとることができる。キキの自立というテーマを、原作よりも一層、明確に主題化していくことを、宮崎は意識している。具体的にはキキを現代の都会で生きる少女が抱える屈折した内面の持ち主として設定し、試練や困難を与え、その中でもなお自立していく姿を描いていくというのが、宮崎の狙いであった。

このような目で、映画版『魔女の宅急便』を眺めてみた時、キキが持つふたつのアイテムに目がいく。ほうきに象徴される飛翔の能力は、宅配屋さんを営むための才能という意味で、キキが自立を達成するための精神的な力を象徴している。そして、魔女のユニフォームと言うべき彼女がまとう黒い衣裳は、「都会で生きる少女たちの」心の屈折を象徴している。

物語の冒頭近く、旅立ちをむかえたキキと母親のコキリは、次のような会話を交わしている。

（キキ）「せめてコスモス色ならいいのにね……」
（コキリ）「昔から魔女の服はこうって決まってるのよ」
（キキ）「くろねこにくろ服でまっ黒々だわ」
（コキリ）「キキそんなにかたちにこだわらないの、大切なのは心よ」
（キキ）「わかってるわ、心の方はまかせといて、お見せできなくて残念だわ」

この場面は、魔女修行に出掛けるため黒服を着なくてはならないキキがそれを嫌がり、母親にたしなめられる場面である。コキリはキキに向かって、ひとり立ちに必要なものは形や見た目ではなく、もっと目に見えない領域、心なのだと、この場面で言い聞かせている。

しかし、物語では、いたるところで、見た目や形、つまり黒服について、引け目やコンプレックスを抱えるキキの姿が描かれている。たとえば、キキが買い物に出掛ける場面が物語の前半に挿入されている。きれいな衣裳で着飾った二人連れの女の子とすれ違ったキキは、ショーウインドウに映る自分の姿を見ながら、「もうちょっとすてきな服ならよかったのにね……」とつぶやく。また、トンボからパーティーに招待されたとパン屋のおソノさんに相談する場面でも、「でもわたしこの服しかもってないもの」と告げている。さらに、キキの引け目、コンプレックスは、トンボとの間に築かれつつあった友愛の関係すら脅かすことになる。それが、二人で海岸に飛行船を見に行く場面である。衣裳を着飾りオープン・カーに乗ったトンボの友達が偶然通りがかり、「あの子知ってる、宅急便やってる子よ」「ヘエ、もう働いているの」「タックましい」と噂をはじめる。トンボは「いこうよ、みんなに紹介するから」とキキに話しかけるが、キキは急に怒り始め、「いかない、さよなら」「わたし仕事があるの、ついて来ないで」と言い捨てて、その場を立ち去る。親に庇護され、きれいな衣裳に身を包み、華やかな青春を過ごす、普通の少女たちに対する、キキの屈折した感情が、見え隠れする場面である。自分は黒い地味な衣裳を着て働かなくてはならず、そういう自分の境遇に対してキキは引け目を抱き、また、他の女の子のような外見や生き方をうらやましくも思っている。そしてそのような屈折した感情が、トンボに対する八つ当たりとなって現れることになる。「私たちの都会で生きる少女たちの心はもっと屈折しています。自立の壁を突破する戦いは、多くの少女たちにとって困難そのものであり」という宮崎の言葉は、キキの他の女の子に対する屈折した感情として、物語には描かれている。

キキの魔法が消えてしまうのは、この出来事の直後である。翌日、「ジジわたしってどうかしてる、せっかく友達が出来たのに急に憎らしくなっちゃうの」「素直で明るいキキは何処かへいっちゃったみたい」とつぶやきながら、キキはベッドに寝転んで落ちこんでいた。しかし、ジジは何も言わずに外に出掛けてしまう。そして、夕方、キキはジジの言葉が理解できなくなった自分に気づく。物語の展開から言って、見た目や形、外見にこだわってしまうキキの屈折した感情が、彼女から魔法を奪い取ってしまったことは間違いない。そして、繰り返し言うが、その魔法とは彼女が自立していくための目に見えない力や才能を象徴している。この物語においてキキは、都会風のファッションに憧れるような感情、あるいは欲望、心よりも見た目や形、外見に関心を寄せてしまうような感覚に足下をすくわれる形で、友情を見失い、ひとりで生き抜くための力や能力を奪われているのである。

このような前提に立った時に、はじめてこの物語の結末が意味するものがわかってくる。なぜ一時、空を飛べなくなったキキが魔法を取り戻し、デッキブラシにまたがり、ふたたび空を飛べるようになったのか。それは、町中の人々が注目しテレビの中継すら行われている状況に、トンボを助けるために、あの黒い衣裳をまとったキキが飛び込むからである。トンボを助けたいという心底からの祈りが、屈折した「都会で生きる少女たちの心」（＝華やかさに欠ける地味な衣裳をまとって働かなければならない自分の人生に対する負い目や引け目）を忘れさせ、黒い衣裳をまとった自分を世間の前にさらけ出すことに抵抗を感じることがなくなっていく。キキが内面に持つ、目に見えない生き抜く力とは、外見や見た目にこだわるような虚栄心や物質的欲望と対立するものとしてあるのであり、だからこそそれは、誰かとつながる力をもキキにもたらしているわけである。たしかに、虚栄心や欲望にとらわれた心では、誰かと友愛の関係を結ぶことはできない。なぜならそのような心にとって、他人とは自分が欲望を満足させるための、あるいは、虚栄心を満足させるための手段にすぎないからである。宮崎にとって、目に見えない、自立を実現する精神的な力とは、欲望とは異質のものとしてあり、だからこそ、その力は、誰かと友愛の関係を築くための能力としても機能するのである。

『千と千尋の神隠し』のアニミズム

『千と千尋の神隠し』も自立という主題が追求されている作品である。この物語にもまた、様々な試練を乗り越えつつ精神的に成長していく少女の姿が描かれている。

『千と千尋の神隠し』は二〇〇一年七月、東宝系で劇場公開された作品である。主人公は一〇歳の少女、千尋。ストーリーは千尋が郊外に引っ越してくるところからはじまる。最初の場面での千尋はいかにも無気力でだるそうに自動車の後部座席に寝そべっている。そんな千尋に生気は感じられない。父親が運転する自動車は、新しい住居に向かうつもりが山道に迷い込み、廃墟のような建物の前に着いてしまう。父親と母親、そして千尋はその建物の中に入り、反対側の出口に出てみると、草原が広がっており、さらに行くと屋台風の飲食街が続いていた。匂いに誘われた父親と母親は勝手にカウンターに盛られた食べ物を食べはじめる。千尋ひとりがさらに奥に行くと、「油屋」という大きくて古風な建物（この建物は八百万の神々が疲れを癒しにくる湯屋で、湯婆婆《ゆばーば》とよばれる魔女が経営している）の前まで来てしまい、ハクと呼ばれる謎の少年に追い返されてしまう。千尋は父親と母親がいた店に引き返すが、父と母は豚の姿に変身しており（勝手に食べ物を食べたので湯婆婆に豚の姿に変えられてしまった）、結局、千尋は父と母を助けるために、ハクの力を借りて、油屋で働きはじめることになる。

ある日、名だたる川の主が油屋を訪れ、とげのように刺さった自転車などゴミの数々（おそらく、人間が川に遺棄したゴミやガラクタの象徴的表現）を千尋が取り除いてやると、川の主はお礼にと「ニガダンゴ」と呼ばれる万能薬を授けてくれる。そして、その団子で千尋は、湯婆婆の双子の姉、銭婆《ぜにーば》から魔女の契約印を盗み出したことで呪いをかけられていたハクを救うことになる。ハクを助けた後、千尋は湯婆婆が溺愛する息子、坊らとともに契約印を銭婆に返しに行くのだが、迎えに来たハクとともに帰路の途上にあった千尋は、昔、自分はハクに出会ったことがあったと語りはじめる。小さい頃、誤って川に落ちた千尋を、ハクは岸まで運んだことがあったのだ。ハクの正体は川の聖霊であった。そしてハクもまた、自分の過去の記憶をとりもどし、自分の正しい名前がニギハヤミコハクヌシであったことを思い出す。ハクや坊とともに油屋にもどった千尋は、湯婆婆に豚の群れから父母を捜し当てたら、ふたりを助けようと告げられる。千尋はこの豚の群れの中には父親も母親もいないと湯婆婆に答え、結局、それが正しい答えだったので、千尋と父親、そして母親はもとの日常世界に帰ることができた。カオナシの話ははしょってしまったが、大ざっぱに言うと、これが『千と千尋の神隠し』のストーリーである。

宮崎はこの物語の企画書で次のように語っている。

かこわれ、守られ、遠ざけられて、生きることがうすぼんやりにしか感じられない日常の中で、子供達はひよわな自我を肥大化させるしかない。千尋のヒョロヒョロの手足や、簡単にはおもしろがりませんよゥというぶちゃむくれの表情はその象徴なのだ。けれども、現実がくっきりし、抜きさしならない関係の中で危機に直面した時、本人も気づかなかった適応力や忍耐力が湧き出し、果断な判断力や行動力を発揮する生命を、自分がかかえていることに気づくはずだ。

（『千と千尋の神隠し』企画書　一九九九・一一）

この言葉から、『魔女の宅急便』と同じく『千と千尋の神隠し』もまた、自立を主題とする物語であることがわかる。豚に変えられた父親や母親、死の呪いを銭婆にかけられたハクを助けるため、さまざまな困難を引き受け、乗り越えていこうとする姿勢が、千尋の中に眠っていた生きる力を目覚めさせていく。『千と千尋の神隠し』は、「本人も気づかなかった適応力や忍耐力が湧き出し、果断な判断力や行動力を発揮する生命」に主人公、千尋が目覚めていく物語である。

ただし、同じテーマを扱った『魔女の宅急便』と決定的に違うところは、『千と千尋の神隠し』の場合、その自立のプロセス、あるいは千尋の中で覚醒していく「生命」のありように関して、より具体的なイメージが描かれている点にある。叶精二が『もののけ姫』を〝森の映画〟とするなら、『千と千尋の神隠し』は〝水の映画〟である」と論じている（前掲『宮崎駿全書』）ように、千尋は、ふたりの川の聖霊、名のある川の主、そしてハクとの出会いをきっかけに、内なるいのちに目覚めていく。そして、覚醒したいのちは、千尋を精神的な自立へと導くとともに愛や絆をはぐくむ母胎としても機能しはじめることになる。そのいのちは、金銭や食い物への執着＝欲望とは決定的に断絶した何か、なのである。

物語には、千尋と仲良くなりたいカオナシという化け物が金《きん》を差し出す場面がある。しかし、豚に変えられた父親と母親、そして、瀕死の重傷を負うハクを助けようとしている千尋にとって、金《きん》は何の意味も持たない。

（カオナシ）「これくうか、うまいぞ、金を出そうか、千の他には出してやらないことにしたんだ、こっちへおいで、千は何がほしいんだ、いってごらん」

（千尋）「あなたはどこから来たの？　私すぐ行かなきゃならないことがあるのあなたは来たところへ帰った方がいいよ、私がほしいものはあなたにはぜったい出せない、お家はどこなの？　お父さんやお母さんいるんでしょう？」

（カオナシ）「イヤダ……イヤダ……さみしい、さみしい……」

この会話から、いろいろなことがわかる。カオナシは深い孤独感を抱えていてそこからの救済を願っている、そして、そのための手段として、金《きん》を媒介として千尋と繋がろうとしている。この場面で千尋が言う「私がほしいもの」とは金銭など目に見える価値とはまったく異なるもの、つまり父親や母親、そしてハクの無事である。つまり、千尋の内面を支配しているものは、欲望ではなく目に見えない絆＝愛なのである。その意味において、モノにすがって他者との絆を得ようとするカオナシは根本的に手段を誤っている。モノを媒介にした関係は愛や絆ではない。欲望を充足する――充足させる、という関係の中には、孤独からの救済はないのだ。むしろ、ますます深刻になるだけである。

これを前提としてこの物語を振り返ってみると、『千と千尋の神隠し』には物質的欲望に取り憑かれた人物が多数登場していることに気がつく。たとえば、神様の食べ物を食い散らかし、豚に姿を変えられてしまった千尋の両親である。宮崎自身が「皮肉をこめて豚にしたんじゃありません。本当に豚になっていましたからね。バブルの時の多くの人や、その後も。今もいるじゃないですか。ブランド豚やレアもの豚が」と語っているとおりである（「だいじょうぶ、あなたはちゃんとやっていける――。そう子供たちに伝えたい」『ロマンアルバム　千と千尋の神隠し』徳間書店　二〇〇一・九）。目に見える価値のみを絶対視する近代の物質文明、消費の量によってのみ幸福の価値を測ろうとするような人生態度に対する宮崎の深いいきどおりが、ここで語られている。千尋の父親と母親は、宮崎にとっては、唾棄すべき典型的な現代の人間類型である。千尋の両親だけでない。油屋で働く者たちは、カマジイをのぞいてほとんどの者が、大なり小なり、同じ傾向を見せている。湯婆婆はいつもコレクションした宝石を眺めており、店の売り上げばかりを気にしている。溺愛する坊がいなくなったことにも気がつかず、カオナシが出した金が本物かどうかに心が奪われている。他の油屋で働く者たちも、カオナシがばらまく金を手に入れようと、ひたすら機嫌をとろうとしている。この物語では人間（千尋や両親）と非人間（湯婆婆や油屋で働く者たち、ハク、八百万の神々）が、目に見える価値のみに執心する者と目に見えない価値を体現する者というように、二項対立の形で配置されているわけではない。人間にも目に見えない価値を体現する者がおり（千尋）、非人間にも目に見える価値に執着する者（湯婆婆など）が存在する。

これを手がかりにするならば、千尋の中に目覚めていくいのちとは、物質的な欲望以外の何かであることがはっきりしてくる。それは、人間の内部に宿る目に見えないものであるが、欲望とは一線を画している。欲望が金銭や食べ物など目に見える価値を希求するとするならば、いのちは愛情や絆など目に見えない価値を、あるいはその回復を求めている。

ここから、『千と千尋の神隠し』に描かれた自立の中味がおおよそ見当がついてくる。一般的に自立とは、自分の力で生き抜いていくことを意味する。とするならば、そのような自立をうながす力は、むしろ欲望である。では、この物語で千尋が、このような意味での自立を体現しているかと言えば、けっしてそうではない。たしかに油屋で姉貴分にあたるリンとともにつらい労働に耐えているが、それもこれも湯婆婆によって豚に変えられてしまった両親を助けるためである。別に給金をもらって命をつないでいくためではない。

ハクが盗み出した魔女の契約印を銭婆に返しに行く場面もそうである。

（カマジイ）「まちがえるなよ、昔は、もどりの電車もあったんだが、近頃はいきっぱなしだ。それでもいくかだ」

（千尋）「うん、かえりは線路を歩いて来るからイイ」（中略）「ハク、きっともどってくるから死んじゃだめだよ」
（リン）「……？　なにがどうしたの？」
（カマジイ）「判らんか、あいだ、愛」

銭婆に契約印を返し、ハクを助けてもらうため、千尋は、カマジイに電車の切符をもらう。帰りの電車はすでに廃線になっているが、それでも千尋は、帰りは線路を歩いて帰ってくるから、ハクを助けにいくと言う。カマジイの言うように、千尋のハクに対する愛が逆境を乗り越えていくためのエネルギーに転化されていく場面であるわけだが、これは一般的な意味での自立のイメージからは、かなりはずれている。たしかにこの場面で、千尋はたくましく精神的に成長しているように感じられる。物語の冒頭で描かれた生気のない、ひ弱な少女だった千尋は、試練を乗り越えつつ、精神的に成長しているわけだが、その千尋のたくましさは、かならずしも通常の意味での自立とは一致しない。欲望の拡大よりも、むしろ克己心に近い。愛する誰かのための献身の心が、逆境を切り開いていくたくましさに直結する、これが、千尋における自立の姿なのである。逆から言えば、この物語において自立とは、欲望を否定して、他者との友愛の構築を意図することを意味している、ということになる。その精神的な目に見えない力こそが、欲望とは区別された、人間に宿る目に見えない何か、つまりいのちである。そして、『千と千尋の神隠し』にあって、その覚醒の契機となっているのが、油屋における名のある川の主との出会い、そして、ハクとの再会なのである。

おそらくこの物語で川の主や神、つまりアニミズム的な意味における川の聖霊が重要な役割を演じているのは、宮崎自身の体験と密接に関連している。

休みの日に僕は地域の人たちと一緒に川掃除をやっているんですけど、まさに千尋と同じ体験をしたことがあるんです。その時に、日本の川の神様たちはボロボロで、悲しく切なく生きているんだろうなあと思いました。この日本の島で苦しんでいるのは人間だけじゃないなって感じたんです。それで川掃除をして汚いものを相手にしながら、自分が醜いものの相手をしなくちゃいけないとか、汚い嫌いなものに手を出さなきゃいけないとか、イヤダナーという気分を超えないと、手に入らないものもあるって思ったんです。

（前掲「だいじょうぶ、あなたはちゃんとやっていける――。そう子供たちに伝えたい」）

ここで宮崎は千尋の体験が自分自身の体験を元に構想されたものであったことを示唆している。おそらくもっとも直接的に宮崎自身の体験が反映されているのは、作品前半、くされ神(実は「名のある川の主」)の入浴を手伝う場面であろう。千尋は悪臭やヘドロに悩まされながら、くされ神の浸かる浴槽に薬湯を注ぎ、ゴミやガラクタを取り除いていている。

また、たとえ、嫌な気持ちになろうとも、汚れきった川の掃除をすることによって、日本の川の神様が負った傷や悲しみに直接、向き合わないといけない、とも宮崎は述べている。『千と千尋の神隠し』に登場するもう一人の川の主、ハクも名のある川の主と同じく深く傷ついた存在である。ハクは、ニギハヤミコハクヌシという川の聖霊、アニミズム的な意味での神であるが、その川はすでにマンション建設のために埋め立てられている。ハクは現代文明、あるいは物質文明による神殺しの犠牲者である。

宮崎の川の清掃体験は、千尋が出会うさまざまな試練と多くの部分で重なっている。川を埋め立てられて居場所を失い、魔法使いの修行をはじめたハクが瀕死の重傷を負った場面に、千尋は遭遇し、そんなハクを助けようと、彼女は困難に立ち向かっていく。このエピソードは、不快感を抱きながらも川の清掃活動に従事する中で、傷ついた川の神の存在を感じた、宮崎のアニミズム的な感性に裏打ちされている。

ところで、カントは「君の人格ならびにすべての他者の人格における人間性を、けっしてたんに手段として用いるのみならず、つねに同時に目的として用いるように行為せよ」（波多野精一他訳『実践理性批判』岩波文庫　一九七九・一二）と言っている。カントに従えば、欲望を媒介として他者に向き合えば、他者は私にとって目的でなく手段になる。このような関係性にあって、どこまでいっても、他人は私がある欲望を満足させるために利用されるべき存在にすぎない。あらゆる人間があらゆる人間を手段として眺めれば、そこに現出するのは「潜在的敵対」としての「万人と万人の関係」（テンニエス　杉之原寿一訳『ゲマインシャフトとゲゼルシャフト』岩波文庫　一九五七・一二）であり、人は絶対的に孤独から救済されることはない。ひょっとしたら、孤独であることさえ忘れてしまうかもしれない。

一方、宮崎に従えば、人には欲望以外にもうひとつ、目には見えない心の機能がある。それがいのちである。欲望との絶対的な差異をもって語られるいのちは、自然科学的な認識論的布置からはみ出してしまっている。その意味で、宗教的な意味を帯びている。宮崎の言ういのちとは、アニミズム的な感性で捉えられるような宗教的な何か、森羅万象、人を含めたあらゆる存在物に宿る目に見えない霊、ということになるだろう。井上静は、「基本的人権の尊重と言うときの根拠」を「日本人の場合は「万物仏性」というアニミズムの世界」に宮崎は求めた、と、指摘している（前掲『宮崎駿は左翼なんだろう』）。「基本的人権」という言葉が、宮崎の感覚とぴったりと一致するかどうか違和感を覚えるが、この疑問をとりあえず横に置くと、たしかに、アニミズム的性格を自己存在の本質と認めるような主体は、〈私〉の変容《バージョン》として、他者や自然に向かうこと、いのちや聖霊の存在を直観することが可能になる。その時、他者も自然も、手段ではなくなる。傷ついた他者、破壊された自然を、私自身の痛みのように感じることが可能になる。わかりやすい言葉で言えば、他人や自然に対して優しさを持つことができる、と言ってもよい。千尋にとってハクは両親とともに元の世界に戻るための手段ではなかった。ハクを助けること自体が千尋の目的になっている。だから、作品後半の千尋は優しくもたくましくも感じるわけである。千尋の自立とは、存在のアニミズム的性格に根を持つような〈私〉の覚醒を意味している。

叶精二は『千と千尋の神隠し』に、「テーマの分散化」を指摘し、「ほぼ一点に集約されていた過去の作品とはかなり異った構成である」と指摘している（前掲『宮崎駿全書』）が、少なくとも、この物語において、水の記憶の回復（ハクとの再会）と自立は有機な関係性をもって、ひとつの主題を構成している。傷ついた生命の救済を願うアニミズム的感性は、欲望＝エゴを超克して、宮崎の言葉で言えば、「イヤダナーという気分を超え」て、その傷ついた他者なり自然のために困難を切り開いていくたくましさへと成長していく。他者を手段としてではなく目的としてあつかう倫理性、他者の痛みを共有できる優しさ、その他者を救済するため困難を乗り越えていくたくましさ、このようなアニミズムを母胎とする主体の確立を、宮崎は自立という言葉で表現しているのである。

現代文明を超克する〈私〉――『崖の上のポニョ』へ

このように見てくると、『もののけ姫』結末の解釈をめぐって提起した問題、種、あるいは類としての人間と自然は最終的に敵対せざるをえないとしても、なぜ人は、個のレベルにおいて自然に出会わなければならないか、という問題について、その答えが見えてくる。その出会いは、アニミズムを基盤にした優しさと克己、たくましさを合わせもった道徳的主体を構築していくきっかけになりうるのである。ここに人が固有名としての自然に出会わなければならない根本的な理由がある。汚染された川を目の前にした時、覚醒するアニミズム的な感性が、現代の文明に立ち向かっていくための新しい道徳的主体の母胎《マトリックス》を形成する、そう宮崎は考えている。

この主題は二〇〇八年七月一九日、東宝系で劇場公開された『崖の上のポニョ』にも踏襲されている。

舞台は広島県福山市の鞆《とも》の浦《うら》をモデルにした海辺の小さな町。崖の上の一軒家に住む五歳の少年、宗介は、ある日クラゲに乗って家出した、さかなの子ポニョと出会う。アタマをジャムの瓶に突っ込んで困っていたところを、宗介に助けてもらったのだ。「ぼくがまもってあげるからね」と宗介はポニョに約束するが、かつて人間をやめ、海の住人となった父のフジモトによって、ポニョは海の中へと連れ戻されてしまう。そして、宗介のことを好きになったポニョは、人間になりたいと願い、魔法の蓋を開けて、ふたたび家出し、宗介との再会を果たすのだが、その結果、海の世界は混乱に陥り、人間の町に大洪水を引き起こすことになる。宗介の母親のリサは、洪水の中、宗介とポニョを家において、職場である老人ホーム、ひまわりの家に向かう。そして、翌朝、リサを心配する宗介もポニョとともにひまわりの家に向かうことになる。物語において、この混乱を最終的に収拾する役割をになっているのが、ポニョの母親であるグランマンマーレである。マンマーレはポニョを人間にすることで、宗介のそばにいたいというポニョの願いを聞き入れようと、フジモトに提案する。しかし、ポニョが人間になるためには、さかなの子どもというポニョの本当の姿を知っていながら、受けいれることのできる男の子の存在が必要である。マンマーレはそのことを宗介に説明し、「ポニョの正体が半魚人でもいいですか？」と問い質す。すると宗介は、「うん、ぼく、おさかなのポニョも、半魚人のポニョも、人間のポニョも、みんな好きだよ」とマンマーレに答え、宗介とポニョがキスをするところで物語は終わる。

この物語でも、宗介がポニョと深い絆で結ばれていくプロセスと、母親のリサを心配してポニョとともに舟に乗ってひまわりの家に向かうプロセスが、同時平行の形で、語られている。ポニョというさかなの子を守ろうと心に決めた宗介は、そのことによって母親のためさまざまな試練に立ち向かっていくたくましさをも身につけていくのだ。そして、そのたくましさは宗介の優しさをも育んでいる。「おさかなのポニョも、半魚人のポニョも、人間のポニョも、みんな好きだよ」とためらいなくグランマンマーレに語ることのできる宗介は、ジャムの瓶に閉じ込められた、つまり人によって傷ついた自然＝ポニョの痛みや苦しみを共有することのできる、そして、そのような自然のために困難を乗り越えていこうとする宗介でもある。

宮崎は現代文明の中にある人間のあり方に関して、次のように発言している。

司馬さんが「太郎の国の物語」という番組で、まだバブルの絶頂期だったと思うんですけど、「日本人はみっともなくなりました」とおっしゃった。僕はそのときに、ものすごく嬉しかったですね。僕もそう思っていたから僕はバブルのときよりいまのほうが好きです。でも人心はやっぱりすさむんですね。だから、これから多くの国が味わっているごく普通の試練を、バブルがはじけたあとの後始末も含めて、今後の経済情勢やいろんな情勢のなかで僕らは味わっていくんだろうと思うんです。その中で人間に対する考え方やモノに対する考え方がどれほど通用するのかっていうことに遭遇するわけです。そうするときっと、みっともないことがいっぱい起こるだろうっていうふうに思うわけです。

（前掲「くにのゆくえ」）

この言葉から、宮崎が一九八〇年代のバブルと呼ばれた大量消費社会に対して、深い嫌悪感をいだいていたことがわかるだろう。人の心はすさみ、大量消費文明の中で形成された他者やモノに対する考え方は、これからの世界に通用しそうもない、そう宮崎は語っている。

現代文明がもたらす、このような危機的な状況を、経済学の立場から説明したのがカール・ポランニーである。現代における市場メカニズムは、本来商品ではなかったはずの労働、土地、貨幣もまた商品として扱うようになっていった。これをポランニーは「悪魔の挽き臼」と呼んでいる。賃金、地代、利子が、商品化された労働、土地、貨幣の別名である。しかし、これらはそもそも商品ではない。労働は生活そのものにともなう人間活動の別名であり、土地は自然の別名である。人は生活そのものや自然そのもの、あるいは価値そのものを生産することはできず、そうである以上、そもそもそれらは商品ではありえない（吉沢英成他訳『大転換――市場社会の形成と崩壊』東洋経済新報社　一九七五・四）。

バブルというのは、このような現代文明の極限状態を意味する言葉である。貯金高や所得、身につけたブランド品で人間の価値が測定され、地価の高騰に便乗すべく都市近郊の自然は次々と破壊されていく。人も自然もそこでは手段に過ぎず、目的化されることはない。宮崎の言う「みっともない」人間、「ブランド豚やレアもの豚」を輩出する現代文明を象徴する言葉が、「バブル」なのである。

宮崎にとってアニミズムの感性は、このような絶望的状況にあって人間と文明を救済するための唯一の手段である。自己にも他者にもモノにも自然にも目に見えない価値＝いのちを感受することで、人間の主体も、我と汝の関係性も、人と世界との関係も、現状から救済され、再構築されうる。〈私〉に宿るいのちの変容《バージョン》として他者や自然に出会う時、人はその自己ならざる誰か／何かに思いやりを持つことができ、痛みを共有することができ、その誰か／何かのために困難に打ち勝つことができるようになる。人と人、人と自然の相互扶助が可能となる。これが、現代文明に対する強烈なアンチテーゼとして宮崎が提示するアニミズムを基盤とした人間救済の道筋であり、このテーマが追求されているのが、『千と千尋の神隠し』や『崖の上のポニョ』なのである。

種、あるいは類としての人間が最終的に自然との親和的関係を構築することは難しいかもしれない。しかし、現在の文明とその中で官能と欲望に身を委ねることになってしまった人間を救済し、新しい文明、新しい人間類型を再構築するためには、人は自然とふたたび出会い、アニミズム的な感性を覚醒させなければならない。これが宮崎の到達点なのである。

あとがき ―― 新版出版にあたって

もともと本書は二〇一〇年、白地社から刊行され版を重ねていたのだが、同社が廃業することになり（といっても、経済上の理由ではない、念のため。）、新典社より改めて出版することになった。

本書をはじめて上梓した頃は、アニメやマンガの研究をするような人間は、ただの目立ちたがり、あるいは、ゲテモノ学者と見られる雰囲気がまだ残っていた。とにかく、あまりよい印象を持たれなかった。

しかし、時代の空気は大きく変わった。クール・ジャパンの名のもとに日本のコンテンツ産業は輸出産業の柱のひとつとして注目されるようになった。それに同調するように、日本中の大学で国際日本文化学部や国際日本文化学科が設置されるようになり、今や大学においてもアニメやマンガに関する研究や教育が一般化しつつある。

それがすばらしいことなのか、なげかわしいことなのかは、評価が分かれるところだろう。ただ、今の若者をとりまく物語環境が大きく変化しており、したがって、物語受容の形も変化せざるをえなくなった事実は認めなくてはいけないと思う。マンガ、アニメ、ゲーム、動画、二次創作など、多様なメディアを横断して物語は増殖し続けている。今の若い人たちは活字に限らずさまざまな媒体を通じて、物語を受容している。そして、良質な物語に出会った時、思春期、青春期にある彼ら彼女らは、人生について、世界について悩み、答えを求めはじめるのである。

僕はそのような彼ら彼女らの物語受容の態度を否定することに、抵抗を感じる。僕が大学生だった頃、村上春樹や吉本ばななをよろこんで読むのは、知性や教養が足りないからだという空気が濃厚に漂っていた。しかし、今、そんなことを言う人間はいない。むしろ逆である。評価しようがしまいが、とにかく村上春樹を読んでなければ、今日の物語を語ることなどできない。

とするならば、数十年後、ジブリにとどまらず、エヴァやまどマギを知らなければ、〇年代以降の社会状況や物語について語ることができない時代が来てもおかしくないはずである。村上春樹の「大化け」をリアルタイムで目撃してしまった僕は、その可能性を否定できない。ならば、大学でアニメやマンガを研究することも教育することも、「あり」にしてもよいのではないか。

ニーチェは『善悪の彼岸』で、怪物と戦う者は自分が怪物にならないように気をつけないといけない、というようなことを言っている。学問や知は、既成の権威や制度化された観念を検証し、自明性に疑を挟んでいくことで進化していく。その学問が権威主義に取り込まれて、思考停止に陥ってしまえば、自らの存在意義を失うことになろう。それは怪物と戦うはずの者が自ら怪物になってしまう様に似ている。

アニメやマンガの研究についてもうひとつ思うことがある。それは、これを「あり」とするか「なし」とするかという難問は、そもそも物語を分析することに何らかの社会的な価値があるのか、というかなり根本的な問題を、僕たちに投げかけているように思えるのだ。芸術家やクリエーターは本来的に自分の世界を表現する存在であり、それが社会に役に立つかどうかは、それほど重要な問題ではない。しかし、分析したり論じたりするとなると、そうはいかない。そこに社会に益をもたらすような何らかの価値が内包されているのか、という難問に出会わざるをえないからである。

この問題について僕は次のように考えている。そもそも、物語にとどまらず、芸術や表現を「分析」

するという行為は、その物語や表現が、時間、空間を問わず、人々によって共有されるべき価値があると判断されたからこそ成立する、と思うのだ。逆から言えば、共有されるべき価値を内包しない物語や表現に関しては、そもそも「分析」自体が成立しないことになる。とするならば、分析が成立した時点で、その社会的な価値は保証されていることになる。

そして、さまざまなクリエーターがいる中で、とりわけ宮崎駿が多くの人々によって論じられ、分析されてきたのも、ここに理由があると僕は思う。宮崎駿はアニメーション作家であるにとどまらず、社会や未来に対する責任を引き受ける態度を貫き、目の前の現実に対する絶望を背負いつつ、あるべき未来を模索し続けている。このような宮崎の姿勢は、彼が紡ぎだす物語に圧倒的な深みを与えているのである。本書がその深みをすこしでも解明することができたら、そしてその価値を社会によって共有することに少しでも寄与することができれば、筆者としてこれにすぐる喜びはない。

最後になったが、本著執筆にあたって多くの方にご助力をたまわった。まずは本書にすばらしいカバー絵を寄せて下さった西造さんに心よりお礼申し上げたい。また、短い期間での再版となったため、さまざまな場面で、宮坂明里さん、大山亜美さんにお世話になった。記して謝意を表したい。ありがとうございました。

野村幸一郎

二〇一八年二月一五日

野村　幸一郎（のむら　こういちろう）
1964年三重県伊勢市生まれ，立命館大学大学院文学研究科博士後期課程修了，博士（文学），京都橘大学教授，日本近代文学専攻，『小林秀雄　美的モデルネの行方』（和泉書院，2006年），『宮崎駿の地平　広場の孤独・照葉樹林・アニミズム』（白地社，2010年），『白洲正子──日本文化と身体』（新典社，2014年），『京アニを読む』（新典社，2016年）など

新版 宮崎駿《みやざきはやお》の地平《ちへい》
ナウシカからもののけ姫へ
新典社選書 87

2018 年 3 月 29 日　初刷発行
2025 年 5 月 23 日　４刷発行

著　者　野村幸一郎
発行者　岡元　学実

発行所　株式会社　新　典　社

〒111-0041　東京都台東区元浅草2-10-11　吉延ビル4F
ＴＥＬ　03-5246-4244　ＦＡＸ　03-5246-4245
振　替　00170-0-26932

印刷所　惠友印刷㈱　製本所　牧製本印刷㈱

ISBN 978-4-7879-6837-1 C0374
https://shintensha.co.jp/　E-Mail:info@shintensha.co.jp

新典社選書

B6判・並製本・カバー装　**＊10％税込総額表示**

- ⑰ 百人一首を読み直す2 ——言語遊戯に注目して——　吉海直人　二九一五円
- ⑱ 戦場を発見した作家たち ——石川達三から林芙美子へ　蒲　豊彦　二五八五円
- ⑲ 『建礼門院右京大夫集』の発信と影響　日記文学会 中世分科会　二五三〇円
- ⑳ 鳳朗と一茶、その時代 ——近世後期俳諧と地域文化——　金田房子 玉城　司　三〇八〇円
- ⑩ 賀茂保憲女　紫式部の先達　天野紀代子　二二一〇円
- ⑫ 「宇治」豊饒の文学風土 ——成立と展開に迫る決定七稿——　日本文学 風土学会　一八四八円
- ⑬ とびらをあける中国文学 ——日本文化の展望台　高芝・遠藤・山崎 田中・馬場　二五三〇円
- ⑭ 後水尾院時代の和歌　高梨素子　二〇九〇円
- ⑮ 鎌倉武士の和歌 ——雅のシルエットと鮮烈な魂——　菊池威雄　二四二〇円
- ⑯ 古典文学をどう読むのか ——シェイクスピアと源氏物語と——　廣田　收 勝山貴之　二〇九〇円
- ⑰ 東京裁判の思想課題 ——アジアへのまなざし　野村幸一郎　二二〇〇円
- ⑱ 日本の恋歌とクリスマス ——短歌とJ-pop　中村佳文　一八七〇円
- ⑲ なぜ神楽は応仁の乱を乗り越えられたのか　中本真人　一四八五円
- ⑳ 女性死刑囚の物語 ——明治の毒婦小説と高橋お伝——　板垣俊一　一九八〇円
- ⑪ 古典の本文はなぜ揺らぎうるのか　武井和人　一九八〇円
- ⑫ 『源氏物語』の時間表現　吉海直人　三三〇〇円
- ⑬ 五〇人の作家たち 日本文学って、おもしろい！　岡山典弘　一九八〇円
- ⑭ アニメと日本文化　田口章子　二〇九〇円
- ⑮ 円環の文学 ——古典×三島由紀夫を「読む」　伊藤禎子　三七四〇円
- ⑯ 明治・大正の文学教育者 ——黒澤明らが学んだ国語教師たち——　齋藤祐一　二九七〇円
- ⑰ ナルシシズムの力 ——村上春樹からまどマギまで——　田中雅史　二三一〇円
- ⑱ 『源氏物語』の薫りを読む　吉海直人　三三〇〇円
- ⑲ 現代文化のなかの〈宮沢賢治〉　大島丈志　三三〇〇円
- ⑳ 言葉で繙く平安文学　保科　恵　二〇九〇円
- ㉑ 「源氏物語」巻首尾文論　半沢幹一　一九八〇円
- ㉒ 旅の歌びと　紫式部　廣田　收　二六四〇円
- ㉓ 旅にでる、エッセイを書く　秋山秀一　一八一五円
- ㉔ 源氏物語　女性たちの愛と哀　原　槇子　二八六〇円
- ㉕ 一冊で読む晶子源氏　伊勢　光 加藤孝男　二三一〇円
- ㉖ 幕末期の笑話本 可楽から其水・円朝へ　宮尾與男　四五一〇円
- ㉗ 虚無の劇場 ——古典研究者が読む三島由紀夫文学　伊藤禎子　三一九〇円
- ㉘ 物語としての紫式部　廣田　收　三三〇〇円